使命管理

[美] 安德鲁·J. 霍夫曼
（Andrew J. Hoffman）
著

张 豫 译

MANAGEMENT AS A CALLING
Leading Business, Serving Society

中国科学技术出版社
·北京·

Management as a Calling: Leading Business, Serving Society, by Andrew J. Hoffman, published in English by Stanford University Press.
Copyright © 2021 by the Board of Trustees of the Leland Stanford Junior University. All rights reserved. This translation is published by arrangement with Stanford University Press, www.sup.org.

北京市版权局著作权合同登记　图字：01-2022-4872。

图书在版编目（CIP）数据

使命管理 /（美）安德鲁·J. 霍夫曼著；张豫译. — 北京：中国科学技术出版社，2022.11

书名原文：Management as a calling: leading business, serving society

ISBN 978-7-5046-9732-5

Ⅰ. ①使… Ⅱ. ①安… ②张… Ⅲ. ①企业责任—社会责任—研究 Ⅳ. ① F272-05

中国版本图书馆 CIP 数据核字（2022）第 152850 号

策划编辑	申永刚　方　理
责任编辑	申永刚
版式设计	蚂蚁设计
封面设计	仙境设计
责任校对	焦　宁
责任印制	李晓霖

出　　版	中国科学技术出版社
发　　行	中国科学技术出版社有限公司发行部
地　　址	北京市海淀区中关村南大街 16 号
邮　　编	100081
发行电话	010-62173865
传　　真	010-62173081
网　　址	http://www.cspbooks.com.cn

开　　本	880mm×1230mm　1/32
字　　数	117 千字
印　　张	6.25
版　　次	2022 年 11 月第 1 版
印　　次	2022 年 11 月第 1 次印刷
印　　刷	北京盛通印刷股份有限公司
书　　号	ISBN 978-7-5046-9732-5/F·1054
定　　价	59.00 元

（凡购买本社图书，如有缺页、倒页、脱页者，本社发行部负责调换）

序言

对于经历过 2008 年国际金融危机的一代人来说，对现状的不信任实际上占据主流。这是德勤于 2019 年对全球 1.3 万名 40 岁以下人群进行调查后得出的结论。一份数据总结报告这样写道："Y 世代[①]和 Z 世代[②]的幻想破灭了，他们对自己的生活、财务状况、工作、政府和商界领袖、社交媒体或他们的个人数据被使用的方式，都不是特别满意。"受访者表示，气候变化是他们最关心的问题，其次是收入不平等和失业。对企业解决这些难题的能力，甚至是企业为人们带来稳定生活的能力，他们似乎都有所怀疑。一位受访者告诉德勤："我们对公司的信任度降低了，因为很多父母辈的人都失业了，而他们向来对公司忠心耿耿。""由于股市崩盘，我们对股市的信任度降低了。我觉得，我们很多人都担心这种情况会再次发生。"

我对这种紧张的关系再熟悉不过了。2008 年，我开始找工作，这大概算是开启职业生涯最糟糕的时机了。事实上，情况

[①] 指 1982 年至 2000 年间出生的一代人。——译者注
[②] 指 1995 年至 2009 年间出生的一代人。——译者注

比我想的还要糟糕,《商业内幕》(Business Insider)甚至宣称接下来的一年将是"报刊灭亡年"。当我联系到实习时曾指导过我的一位杂志编辑,问他能否帮忙推荐工作时,我才得知他不久前已转行。他在离职前接受了一个采访,声称像我这样的记者是"没有前途的"。不过我还算幸运,得以在加拿大温哥华一家小型网络媒体实习,后来成了气候变化方面的首席记者,为《纽约时报》(The New York Times)等媒体做自由撰稿人,并写了一本名为《我们厄运临头了吗?》(Are We Screwed?,2017年)的书,但那种不稳定感却挥之不去。

正是这种不稳定感和幻灭感,让很多二三十岁的年轻人支持伯尼·桑德斯(Bernie Sanders)或伊丽莎白·沃伦(Elizabeth Warren)等政界人士,支持旨在关注气候变化、推动经济转型的绿色新政,这些年轻人还要求对富人征收更高的税,或者告诉舆情研究员,他们对资本主义的替代品很感兴趣(虽然他们自己也拿不出明确的方案)。他们中的很多人只是被不断升级的气候危机和《了不起的盖茨比》中所描述的巨大的社会不公吓坏了,他们渴望大胆而系统的解决方案。

这正是本书的写作背景:如今的商科学生在寻找解决方案方面拥有不同寻常的优势——但前提是他们主动选择这样做。几十年来,未来的企业高管们一直被教导要专注于追求短期的

序言

物质利益，而不必担心这个过程带来的副作用。面对这样的职业路径，备考或在读的商科学生们背负着不小的压力。一旦他们选择继续走老路，社会危机只会变本加厉。这也是为什么安德鲁·霍夫曼（Andrew Hoffman）认为："未来的商界领袖应该学会做一些前几代人很少做的事，他们必须开始批判性地思考：商业在社会中的角色，自己作为管理者在领导企业方面扮演的角色，以及整个系统背景——资本主义。"

即将面临这一挑战的，不只是那些摒弃唯利是图、追求更高职业价值的学生，还有那些已经在社会中掌握了一定权力的商务人士和商界领袖，给他们提供培训的商学院，以及所有致力于促进社会公平并关注环境可持续发展的人们。显而易见，我们正处于动荡和痛苦的时期。你手中的这本书提供了宝贵的指引，帮助你更好地识别航向。我希望你能够投入足够的创造力和紧迫感来应对本书的挑战。事实上，我们别无选择，因为不只我们这一代，所有后代的未来都取决于此。

杰夫·登比奇（Geoff Dembicki）
2020 年于纽约

目录

绪论　使命与管理 / 001

第一部分　转变企业角色

第一章　不断变化的商业环境 / 033

第二章　市场转型 / 044

第三章　应对气候变化 / 060

第二部分　重塑政府角色

第四章　重新思考政企关系 / 071

第五章　民主与市场 / 079

第六章　透过政府"停摆"理解政府价值 / 087

第七章　共同应对气候变化 / 094

第三部分　沟通变革

第八章　在充满政治色彩的环境中交流 / 101

第九章　世界观和社会运动 / 109

第十章　激进派和气候变化辩论 / 117

第十一章　气候变化辩论中的新人口统计学 / 123

第四部分　诚信为本

第十二章　在高碳生活中构建低碳世界 / 129

第十三章　弥合社会分歧 / 140

第十四章　培养理解世界的多元视角 / 151

第五部分　将企业管理视为一种使命

第十五章　未来的世界 / 165

第十六章　我们在未来扮演的角色 / 175

致谢 / 191

绪论
使命与管理

这些年来，我开始质疑我们给予年轻人的商科教育。原本只是隐忧，但两起社会事件的发生却让我清醒地意识到，这绝非杞人忧天。第一起是伯尼·埃伯斯（Bernie Ebbers）事件。伯尼·埃伯斯是美国世界通信公司（World Com）的前首席执行官，他于2005年被裁定犯有欺诈罪和共谋罪，被判处25年监禁。在2008年伯尼·麦道夫（Bernie Madoff）的庞氏骗局被揭露前，这一丑闻堪称美国历史上最大的会计丑闻。我对埃伯斯的判决记忆犹新，当时我刚入职密歇根大学商学院，大家对此的冷淡态度让我感到震惊。埃伯斯创立了美国第二大长途电话公司，曾被我们的学生奉为成功典范。然而，如今的他是个耻辱。直到那天结束，关于这一判决的沉默才被打破。我走进电梯，无意中听到两位资深同事之间一段令人难忘的对话，一位教授问道："你对埃伯斯的判决怎么看？""我认为很荒谬，"同事回答，"他又没杀人。"

第二起事件发生在4年之后，这起事件的主角是到密歇根大学求职的一名通用汽车公司（GM）高管。当时通用汽车公司刚刚得到美国政府的救助，弗雷德里克·亨德森（Frederick Henderson）被任命为首席执行官，但很多人认为他只是个"临时"首席执行官，任期不会太久。因此，他的一些手下开始为自己铺后路。当这位求职的高管跟我们几位教员面谈时，他说了一句让我非常震惊的话。他笑着说，他曾在通用汽车公司工作了30年，"真的过得很开心"。

在我看来，埃伯斯事件足以说明我们的社会是如何纵容商业人士渎职的，也证明了企业高管所拥有的权力与应尽义务之间的严重脱节。尽管埃伯斯犯下的并非谋杀之类的恶性罪名，但他给公司的员工、客户、供应商、买家以及投资者带来的损失和痛苦是巨大的，他的失职让很多人血本无归。世界通信公司的股价在几天内下跌了约90%，从每股83美分跌至每股6美分，其后世界通信公司根据破产法第11章提出破产申请，这成为美国有史以来最大的破产案。很多法律专家认为，对埃伯斯的判决是公平的。

而通用汽车公司高管事件则表明，一些商界人士甚至毫无责任意识。令我惊讶的是那位高管的大言不惭，作为近乎毁掉通用汽车公司的领导团队的一员，他居然乐在其中！这就如同你的父亲（或母亲）正在手术中，医生从手术室里走出来告诉你，他把手术搞砸了，你的父亲（或母亲）差点儿丢了性命，必须由其他人接手，但他自己在手术期间"真的很开心"。

对商界和商科教育的批评

对于当下市场环境中企业领导者所担负的社会责任，我并不是唯一一个提出质疑的人。企业律师詹姆斯·甘布尔（James Gamble）于2019年写道，我们很多商业领袖被迫"表现得像反社会者"，将自己的企业经营成"反社会人格障碍的教科书式案例"——崇尚"人不为己天诛地灭""赚钱能力是评价一个企业的最高标准"。同年，赛富时（Salesforce）公司的首席执行官马克·贝尼奥夫（Marc Benioff）提醒其他的企业领导者："我们所熟悉的资本主义……痴迷于股东利益最大化……已经穷途末路。"美国经济学家、诺贝尔经济学奖得主约瑟夫·斯蒂格利茨警告说，我们今天的经营方式是"剥削式的"，应该放弃"自由市场福泽天下的新自由主义幻想"。纵观美国富国银行、大众汽车公司，以及故意销售成瘾药物的萨克勒家族（Sackler family），我们都可以发现肆无忌惮的失信行为。在一个唯利是图的社会里，这毫不意外。借用亚当·斯密的话来说，有"一只看不见的手"在引导着利润的流向，却没人关注这些利润是来自剥削还是来自创造。

这些批评也可以指向帮助塑造并奖励商界领袖的教育体系。近年来出现了很多持有类似观点的文章和图书，很多都是从商学院毕业的学生自己写的。一名在麻省理工学院斯隆商学院攻读工商管理硕士（MBA）的学生约翰·本杰明（John Benjamin）2018年在《新共和周刊》（New Republic）中发表了一篇言辞激烈的文章，文中写道："面对重大的社会问题，精英商业学校只会提出两种解决方案：要么是更大的创新，要么是更自由的市场。一份商业提案如果不能为公司带来更多的业务，就会被弃之不用。"在2019年《美国事务》（American Affairs）的一篇文章中，哈佛大学商学院毕业生萨姆·朗（Sam Long）描述了这样一个教育体系，它造就了"一群由银行家和房地产商控制的商业精英领导着一个混乱的经济体，严重削弱了这个经济体的生产能力和创造大规模繁荣的能力"。

2018年，商业记者兼作家达夫·麦克唐纳（Duff McDonald）严厉抨击了商学院的教学环境，他写道，商学院的课程缺乏规范性观点，"向来只关注职业发展和财务表现，忽视道德领导力"，因此，造就了"一代商业怪胎"，他们的"道德罗盘"出了故障。同样在2018年，莱斯特大学管理学院的教授马丁·帕克（Martin Parker）提出："我们应该大刀阔斧地进行教育改革，用一种全新的方式来思考管理、商业和市场。"

这些批评是在资本主义陷入危机之际提出的。这场危机的第一个症状是收入的不平等,这种不平等正以自1929年以来从未有过的速度在加剧。2016年,美国的基尼系数(衡量一个国家或地区居民收入差距的常用指标)为41.5(1979年为34.6),高于印度、肯尼亚、俄罗斯和菲律宾。这是一场由资本主义社会基本矛盾带来的、自身无法彻底克服的社会危机。第二个症状是关于自然环境的,全球温室气体含量正处于有史以来的最高水平,而且没有任何下降的迹象。据联合国估算,由此产生的气候变化,加上对自然生态系统的严重破坏,将导致一百多万个物种面临灭绝的风险。事实上,如今的人类对自然环境的影响如此巨大,以至于科学家提出,我们正在进入一个全新的地质时代——"人类世"(Anthropocene)。在这个时代,我们无法在评价地球环境时忽略人类造成的影响。

越来越多的人指责政治家和商界领袖造成了这些问题。"我们正处于大规模灭绝的开端,你们却满脑子都是金钱和经济永恒增长的神话。"皮尤研究中心的民调发现,绝大多数美国人认为,他们的经济体系明显偏袒强大的利益集团。

市场是一个绕不开的解决路径

虽然我理解美国人对经济体系的不信任感从何而来，但我认为，如果把我们这个时代的危机全部归咎于商业和市场，并寻求外力来解决问题，是徒劳的。当今的经济增长方式和消费模式使社会问题和环境问题日益严重，每一个社会成员都难辞其咎。我们中的很多人所从事的行业正是我们所批判的对象。我们面临的是系统性的问题，需要系统性的解决方案。务实的做法是，我们必须依靠市场的力量来解决问题，市场主体不仅包括企业、政府和非政府组织，也包括市场交易中的很多利益相关者，如消费者、供应商等。其中，企业是最重要的市场主体。虽然政府可以对市场起到监管作用，但很多企业是跨国企业，拥有很多国际资源。企业负责提供我们居住和工作的建筑、吃的食物、穿的衣服、驾驶的汽车、搭乘的其他交通工具，以及交通工具所使用的能源。事实上，我们如果不从企业自身寻找解决方案，那么付出再多的努力都是徒劳的。

例如，企业正在开发下一代可再生能源，将风力发电的平均装机成本从2009年的7美分/千瓦·时降至2019年的2美分/千瓦·时；2019年，风能占美国电力供应的6.5%（有14个州超过10%，在堪萨斯州、艾奥瓦州和俄克拉荷马州等三个州超过30%）。同样，太阳能光伏发电的创新，使得其发电成本在1980年至2012年期间大幅下降了99%。预计到2050年，太阳能占美国可再生能源发电总量的比例，将从2015年的7%上升至35%以上。

我举这些例子并不是说唯有企业才能带来解决方案。政府的政策可以刺激市场，而消费者的选择也可以促进市场发展。只是，企业凭借其非凡的创意、生产能力和分销能力，成为推动社会变革的主要力量。离开企业，社会问题的解决方案永远是空中楼阁。如果没有像巴塔哥尼亚（Patagonia）公司的罗丝·马卡里奥（Rose Marcario）和联合利华公司的保罗·波尔曼（Paul Polman）这样敢于突破常规、为企业构筑新愿景的领导者，其所领导的企业可能永远不会寻求变革。事实上，全球战略集团（Global Strategy Group）在2017年的一项调查显示，81%的美国人希望企业"采取行动解决社会面临的重大问题"。

但对我而言，同样显而易见的是，除非我们改变产生这些解决方案的商业文化，否则这些解决方案不会如我们所期待的那样充满前瞻性、变革性和可执行性。为此，我们必须认真反思学生在商学院究竟学到了什么。尽管在企业利益与社会公共利益不一致的问题上，商学院一直在谨慎探索，但这些努力还是远远不够的。例如，有两种常见的标准做法：一是向商学院学生讲授商业道德，二是告诉学生企业不法行为的法律后果。然而，前者通常是在向完全成熟的成年人灌输新的价值观，或者对一群花了很多钱来学习专业知识的学生教授道德伦理；后者则只是设定了一个行为底线，并没有激励未来的商业领袖尽最大努力，为自己的公司和社会创造伟大的成就。还有一种做法是要求即将毕业的商科学生在毕业时签署一份 MBA 宣言——管理学领域的《希波克拉底誓言》，让学生承诺为了维护社会利益而"负责任地、合乎道德地创造价值"。虽然这一做法的初衷很好，但这份宣言在学生毕业时才出现，没有发挥出它应有的作用。事实上，这一宣言最终只会成为一个空洞的道德口号，并未增强学生的社会责任感。

我认为，主流的商业课程及其基本理念需要进行一场深刻的变革。学校不但要向学生传授企业管理的基础知识，而且必须使学生认识到，自己有朝一日可能掌握影响和改变社会的巨大权力，要谨慎地使用这种权力。未来的商业领袖们应该被教导做一些开拓性的事情：他们必须学会批判性地思考企业在社会中的角色，作为管理者的自己在引导企业时所扮演的角色，以及反思他们置身其中的整个社会体系——资本主义。

他们应该学会深入地审视自己的内心,将管理视为一种使命——从单纯谋求一己私利转向践行更高层次的使命,即领导商界并服务社会。企业管理者要时刻牢记自己的良知。正如詹姆斯·甘布尔(James Gamble)所说:"权力需要受到良知的约束。"

培养良知及探索自己的使命的过程,无法简单地通过在课程体系中增加选修课来实现。这需要一种全新的教学方法,通过这种方法,学生们被赋予一套理想的原则体系,并被鼓励在实践中不断修订自己的原则。不幸的是,今天的商科教育容不下这样的反思。从学生们一进校园,课程、社团、社会实践和寻找第一份暑期实习工作就占据了他们全部的注意力。

当今的商科教育只注重向学生传授知识,却忽略了培养学生的智慧。发表在科研期刊中的论文由理论和分析驱动,首先将数据转化为信息,然后将这些信息转化为知识。第一步,论文的作者选取数据,根据数据的关系进行分门别类,留作进一步分析;第二步,作者通过模型检验与结果分析,发现隐藏在这些信息中的有价值的知识(见图 0-1)。然而,要将这种知识转化为智慧,还需要进一步理解这些知识背后的原则。

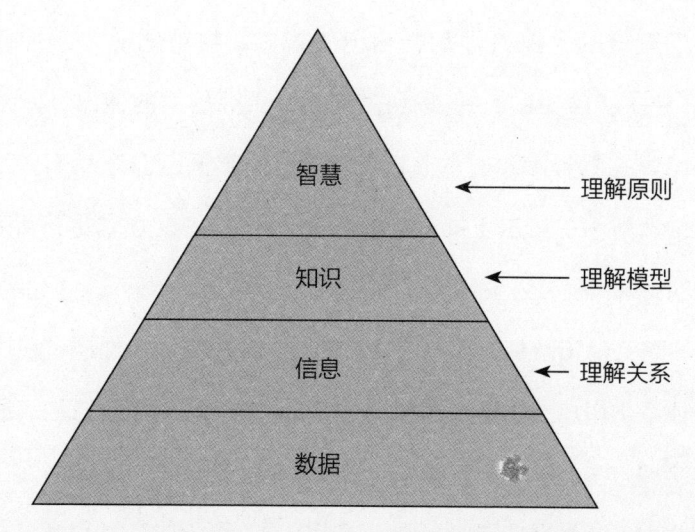

```
智慧      ← 理解原则
知识      ← 理解模型
信息      ← 理解关系
数据
```

图 0-1　数据、信息、知识、智慧金字塔

事实上，明智的商业领袖不会仅仅依靠信息分类、回归分析来做出决策。相反，他们会评估这些知识，并基于自身的智慧、性格、判断力和诚信做出决定。当今世界面临的很多问题，都是由于迷信知识而缺乏智慧造成的。"我们在行动，但我们的行动并不明智。"全面培养学生的智慧和品格，需要一套指导商科教育的理想原则，这套原则应该具备如下功能：指导招生及社会实践；重构课程体系，改进教学方法；招聘人才并择优安排至领导岗位；设立先进标兵作为激励学生的榜样；接受能够留下物质和文化印记的捐赠；通过激励计划引导科研方向。

作为教育的一部分，洞察力引导将对抗商科教育压力下的从众心理，使得学生更加专注、平衡和成熟，学生会反思接受教育的目的，以及如何找到一份既能实现自我价值又能实现社会价值的工作。我们要将学生培养成商业骨干，让他们心甘情愿地为股东、员工和社会服务，这种服务精神类似于医生和律师的职业精神，旨在拥抱重新焕发活力的职业理想和道德理想，培养良知和品格。此外，如果商学院不以任何正式的途径提供这种培训，那么学生应该主动学习相关内容。如今，很多学校增设了关于可持续发展和社会影响的课程，但这还不够。

新一代商业领袖的需求和压力

20年前，那些想要改变世界的学生们选择进入公共政策学院和公共管理学院。如今，很多人转向商学院，他们希望探索企业的经济目标、社会目标和环境目标，以及他们作为领导者的新角色定位。一项调查发现，67%的商科学生准备将环境可持续性考量纳入他们的择业计划中。另一项研究发现，88%的商学院学生认为了解社会问题和环境问题属于优先事项；83%的学生表示，若他们从事的工作对社会或环境有消极影响，他们愿意接受减薪。到了2019年，商业道德首次成为最受关注的5大因素之一，近25%的新生希望毕业后从事有社会影响力的工作，近50%的学生希望在职业生涯后期从事相关工作。

前几代商科学生接触的主要是这样一种理念：企业应该专注于为股东增加利润。芝加哥大学的米尔顿·弗里德曼（Milton Friedman）和电影《华尔街》（Wall Street）中的戈登·盖柯（Gordon Gekko）对这一理念进行了著名的阐述。但今天的很多商科学生决心打破这种狭隘的观念，投身于为世界带来积极改变的事业。

然而，当今的商科教育没有跟上时代变化的步伐。一名攻读工商管理硕士的学员约翰·本杰明（John Benjamin）在《新共和周刊》中批评商学院的课程，称其鼓吹利润最大化目标是天经地义的，从而扼杀了对公共利益的讨论。他认为，这不是在培养思想开放的经济管理人员，而是教唆学生无视资本主义社会中的企业道德缺失问题，回避对其进行任何系统性分析。事实上，很多学生毕业时对商业的理解似乎比他们入学时更加狭隘。根据欧洲工商管理学院（INSEAD）伦理和社会责任专业教授克雷格·史密斯（Craig Smith）的说法："学生们入学时对企业管理者应该做什么有更全面的看法，但当他们毕业时，他们认为企业管理者所做的一切都是为了让股东获取的利益最大化。"

我看到我的学生们在这些压力下挣扎。很多人在刚开始接受商科教育时，都不在乎收入高低，只想尽自己所能为社会做贡献。然后，他们会开始学习关于经济学、企业战略、会计、金融、运营、营销和组织行为等一系列课程，每一门课程都建立在一套共同的潜在价值观之上，这些价值观将利润、效率和增长奉为圭臬。一个学生告诉我，她觉得每次走进教学楼，价值观都会受到冲击。这种压倒一切的文化和价值观，引导很多人从事的职业与真正想从事的职业相去甚远。威廉·德雷谢维奇（William Deresiewicz）在 2014 年出版的《优秀的绵羊》（*Excellent Sheep*）一书中哀叹道，太多的学生被引导去从事咨询或金融领域的工作，因为大学教育的价值越来越多地被"投资回报率"所衡量，"回报"被定义为一些模糊的目标——地位、财富，笼统地说就是"成功"，而这些"回报"最终往往会转化为金钱。

当这些学生临近毕业时，他们会关注大型咨询公司提供给同龄人的薪水，并开始偏离他们最初的职业理想。对一些人来说，金钱象征着地位和成功，这是一种显而易见的文化暗示。对另一些人来说，这个过程要务实得多。2019 年，工商管理硕士毕业生的起薪中位数为 11 万美元，而顶级咨询公司提供的平均年薪为 16.5 万美元，奖金为 6.5 万美元。这种诱惑可能大到难以拒绝，而有些人别无选择。很多学生为了上大学花费了太多钱，他们承受着巨大的债务负担，感觉自己被困住了。2019

年，彭博社的一项调查发现，顶尖商学院近一半的学生至少借贷了10万美元来支付两年制学业的学费。这真是一种讽刺：我们教学生如何成为企业家，却让他们背负了巨额债务，导致他们无法成为真正的企业家。据研究表明，学生背负的债务总额越高，学生自主创业的可能性就越低。为了应对债务危机，一些学生选择接受高薪工作，并且下决心一旦还清贷款就离职。但是很多时候，他们的生活成本很快就包括了住房、汽车、度假、养老保险、医疗保健，以及他们的子女不断上涨的大学费用，这就形成了一个阻碍他们离职的枷锁。

很多人甚至意识不到，他们已经偏离了自己最初的崇高目标，进入了一个围墙后面的封闭世界，将自己与社会责任隔离开来，并且逐渐认为自己不必承担任何社会责任。他们只是随波逐流，忽视了体制的缺陷，这个体制损害了社会公共利益，却奖励了他们个人。记得有一次，我告诉一位成功的投资经理，我写了一篇关于如何转变市场发展方式以应对可持续发展的挑战的文章，他不屑地回答，他不在乎市场的改变，并补充道："我只想知道市场规则是什么，然后利用市场规则击败其他竞争对手。"马丁·帕克（Martin Parker）警告说："如果我们教导人们，只要不突破商业伦理底线就行，那么关于可持续性、多样性、责任等观念就变成了纯粹的装饰。"

绪论　使命与管理

培养未来商业领袖的使命感

商业课程应该被重新调整，来使学生意识到，作为商业领袖，只做到坚守商业伦理底线这一点是远远不够的。我们应该鼓励学生深入审视自己的内心，认清自己希望成为什么样的商业领袖，以及如何成为商业领袖。我们应该要求学生这样思考：不要只考虑个人成就，还要考虑如何为社会服务；不要只关心"我会赚多少钱"，还应该关心"我能为后代做些什么"；不要只问"什么样的职业规划能给我带来更多的发展机会"，还应该问"怎样让自己在企业、社区、社会中为他人做出有意义的贡献"。这样的思考方式让我们的生活变得更有价值。

但是，学生只有被教导要批判性地审视他们正在进入并可能主导的社会系统，才有可能讨论这类问题。这些未来的商业领袖需要对资本主义持有更具批判性的态度。虽然大多数的大学商科教育都以资本主义的形式和功能为前提，但资本主义实际上是动态的、不断变化的，以满足社会不断变化的需求。正如福克斯新闻频道评论员塔克·卡尔森（Tucker Carlson）指出的，资本主义是"一种工具，就像一把钉枪或一个烤面包机。你崇拜它，那你就是个傻瓜。我们的体制是为了人类的利益而创造的，不是为了服务市场而存在的。恰恰相反，任何削弱或摧毁家庭的经济体制都应被抛弃，这样的体制是健康社会的公敌"。

资本主义不是一成不变的，也不像某些自然法则那样是自然产生的。在19世纪和20世纪，很多新的规则被建立起来，以阻止权力垄断、非法勾结和价格操纵。未来，人类将再次制定新的规则，以应对21世纪人类面临的挑战：减少（甚至消除）温室气体排放，建立包括妇女同工同酬在内的更公平的收入分配体系，或者为维护公共利益而非个人利益而进行的政治游说。

虽然资本主义国家有着共同的本质，但不同的资本主义国家，其发展模式不尽相同。比如，北欧、日本、美国在政府角色、政企合作或企业责任等方面存在较大差异。例如，北欧提供由纳税人出资的免费教育和免费医保（这一做法在美国颇具争议），以及为退休人员提供丰厚的、有保障的养老金。挪威有一项法律要求所有上市公司的董事会中女性成员的比例不得低于40%。日本鼓励政府与企业、供应商、客户间的紧密联系（即经连会），这让很多美国人感到不解，或者认为这属于官商勾结。未来的商业领袖必须了解资本主义的多元化模式、资本主义发展史、资本主义的底层逻辑，以及当资本主义国家打算推动必要的社会变革时，将给社会带来何种利弊。

这种对资本主义的审视,自然会引发人们更加批判性地反思"企业为社会创造的价值"。大多数商科学生会鹦鹉学舌地说"股东利益至上",甚至相信这是美国公司法的要求,尽管这纯属空穴来风。这种观点来自20世纪70年代的芝加哥经济学派,它不仅不准确,还会带来一系列问题,比如投资规划和衡量成功标准的周期过短,只关注单一类型的股东等。康奈尔大学法学教授琳恩·斯托特(Lynn Stout)称这种类型的股东"目光短浅、投机取巧、增加社会成本、对道德和他人福利漠不关心"。持这种观点的投资者是导致2008年国际金融危机的因素之一。就连通用电气公司前首席执行官杰克·韦尔奇(Jack Welch)等历来推崇股东利益的人也开始反对这种观点,称其为"世界上最愚蠢的想法",并补充说:"股东利益是一种结果,而不是一种战略……你关注的焦点应该是你的员工、你的客户和你的产品。"

管理学大师彼得·德鲁克的观点更长远,他在20世纪50年代提出"企业的目的是创造顾客"。而利润是衡量企业是否实现这一目标的指标之一,但最终,他认为:"企业存在的目的是增进社会福祉。"在这一观点下,对企业领导者的角色定位以及教育方法是完全不同的。它打破了"人类的行为主要是由自私和贪婪驱动的"这一观念。一个有使命感的企业领导者,不会仅仅以"股东利益最大化"来指导行动。他将着眼于影响企业运营的整个市场环境，寻求经济、社会和环境问题的系统性解决方案，并联合其他市场主体共同解决这些问题。

本书第一部分的重点是重新关注市场内部的系统性解决方案，并重新审视公司提出这些解决方案的目的。这集中在两个主要问题上：第一，在人类的影响下，自然环境正在迅速恶化，如全球气候变暖、水体污染、海洋酸化等，而这正是市场失灵导致的；第二，社会贫富差距日益加大，这也是由于市场未能实现资源的最优配置。重要的是，我们要明白，这些问题都代表着系统性的问题，而这些问题又与更多的问题相互关联。美国前总统贝拉克·侯赛因·奥巴马认为："面对财富、机会和教育方面的巨大差距，人们很难去思考如何解决可持续发展问题和气候变化问题……随着财富越来越集中在少数人手中，多数人开始怨恨……因此，我们很难团结起来……并采取集体行动。"《美国医学会杂志》（*The Journal of the American Medical Association*）上的一篇文章将收入不平等与2016年至2019年美国人均寿命的连续下降联系在一起。虽然自杀和药物成瘾是导致美国人均寿命下降的直接原因，但这篇文章的研究结论是，经济不安全感和绝望感才是美国人均寿命下降的根本原因。约瑟夫·斯蒂格利茨警告说，系统性问题在恶性循环中相互影响："在我们受金钱驱动的政治体系中，经济不平等加剧，导致政治不平等加剧，政府对市场监管的放松又导致了经济不平等的进一步加剧。"很多人在新冠肺炎疫情中面临的日益严峻的经济形势恰好印证了这句话。

然而，对于商业活动如何通过资源开采、供应链、制造、消费冲击自然和社会环境的内在机制，商科学生却知之甚少。然而，他们只有具备一定程度的自然科学素养和社会科学素养，才能负责任地管理自己的公司。这种素养应该反映出商学院各个学科的最新学术成果——公共政策、社会学、政治学、大气科学、环境研究等。商学院必须增设更多种类的课程，为学生补充必要的知识，以培养与未来商业领袖所拥有的权力相匹配的责任感。

本书第二部分的重点是企业对政府政策的影响程度。令我惊讶的是，很少有商学院开设政府游说课程，更不用说合作和建设性的游说了。政府是市场规则的制定者和市场监管者，政府需要了解如何制定市场规则，并根据市场需求进行改革。具有服务社会心态的公司可以建设性地参与政策制定，寻求兼顾社会经济健康、公平发展的政策，而不是寻求仅仅服务于小部分财富精英的政策。

例如，英特尔公司在呼吁关注刚果民主共和国可怕的矿产冲突方面发挥了重要作用，并游说在《多德-弗兰克法案》

（*Dodd-Frank Act*）中增加条款，以实现在更广泛的电子行业内跟踪和披露此类矿产的来源。有的企业还与各国政府合作，依据1987年全球46个国家的代表在美国纽约签署的《关于消耗臭氧层物质的蒙特利尔议定书》（*Montreal Protocol on Substances that Deplete the Ozone Lager*）逐步淘汰臭氧耗竭性化学品，并于2016年与美国政府合作，为卡车制定新的能效标准。2015年在巴黎气候大会上通过的《巴黎气候协定》在很大程度上得到了强大的商业利益集团的支持，后来，很多人公开反对美国第45任总统特朗普退出该条约的决定。在这些例子中，企业在通过影响政策来实现市场转变方面都采取了负责任的立场。但即使在美国的顶尖学校，商科学生也没有学到如何与政府进行这类合作。

当下看似激进的观点终究会变成常识

1991年，当我开始在麻省理工学院攻读博士学位的时候，我攻读的是管理学和土木与环境工程的双学位，研究企业处理环境问题的方式的演变。当时，商学院并不认为环境问题和社会问题是可以学习或教授的合理课题。当我邀请教授们担任我学位论文评审委员会的顾问时，很多教授感到困惑，问我为什么去商学院而不去公共政策学院。1992年,哈佛大学商学院开设了我上过的第一门涉及这些话题的商科课程,名为"资本主义的局限性",认为环境问题阻碍了经济发展。纽约大学的托马斯·格拉德温(Thomas Gladwin)和蒂尔堡大学的奈杰尔·鲁姆(Nigel Roome)等人认为商业和商科教育应对社会和环境负责,主张对市场进行深刻的系统性变革。结果他们被边缘化为外界批评人士。

如今,推进市场系统性改革的想法,以及呼吁企业除了坚守商业伦理底线之外还要追求社会效益和环境效益,已经成为主流。2019年,参与"商业圆桌会议"(Business Roundtable)的181家美国顶级公司的首席执行官,包括苹果公司、美国航空公司、埃森哲公司、美国电话电报公司、美国银行、波音公司的领导人,发表了一份联合声明,将"公司的宗旨"重新定义为:通过开展培训、提供公平的待遇等方式来投资员工,为客户提供价值以及与供应商公平、诚信地进行交易,而不仅仅是维护股东的利益。2020年,世界经济论坛在年度达沃斯会议后发表了一份"宣言",将"公司的普遍宗旨"重新定义为"为整个社会服务……支持社区……支付其应缴的税款……为子孙后代充当环境管理者和物质世界的管理者"。埃森哲的一项调查显示,几乎所有(99%)世界大企业的首席执行官都表示,可持续发展问题对企业能否取得长远发展至关重要。2019年，对保险业高管的一项调查显示，气候变化是该行业最关心的问题。同年，由三位农业部长和主要食品公司首席执行官参加的会议讨论了美国农业如何应对气候变化。这种企业优先事项的转变逐渐得到下一代商业领袖的认可。

为了满足下一代商业领袖的培养需求，商学院开始做出回应。越来越多的商学院开始要求学生至少选修一门以商业与社会的关系为主题的课程。从2001年到2011年，采取这一做法的商学院的比例从34%上升到79%，在很多美国MBA课程中都可以找到与这一主题相关的学术项目。阿斯彭研究所（Aspen Institute）的"优秀教学理念"奖，为下一阶段的管理教育树立了典范，获奖课程包括：哈佛大学商学院的"重新思考资本主义"、弗吉尼亚大学达顿商学院的"经济不平等"、奥登西亚商学院的"替代经济模式"，以及耶鲁大学管理学院的"全球化的终结"。

正如这些课程所表明的，未来将担任企业管理者的学生正生活在一个有趣的时代。当他们进入这一领域时，参与解决环境和社会问题的企业越来越多，这是令人兴奋的。企业开始发布可持续发展报告，谈论基本收入和医疗保健，设立首席可持续发展官职位，推出以可持续发展为理念的酒店，销售绿色食品，以及制造新能源汽车。现在，你可以走进一家公司，谈论其社会责任，高管们不会像20世纪90年代初对待我那样，把你当成异类。

然而，仅凭这一点还不足以解决我们面临的巨大挑战。全球最大的资产管理公司贝莱德集团（BlackRock）的首席执行官劳伦斯·芬克（Lawrence Fink）在2019年度致上市公司首席执行官的信中称，他们不仅有责任创造利润，还要"为社会做出积极贡献"。然而，贝莱德集团继续投资于一些对环境破坏最严重的公司，并从中获利。

与此同时，以气候变化和经济不平等为代表的系统性威胁正变得越来越严重，以致世界经济论坛等组织将其列为全球经济的最大威胁。这些问题给那些关心企业管理的人带来了一系列全新的挑战。随着经济的快速发展，我们面临着更严重的环境问题和社会问题。而且，从面对新冠肺炎疫情的迟缓反应可以看出，我们并没有准备好应对这些问题。哈佛大学的史蒂芬·杰伊·古尔德（Stephen Jay Gould）有一句话说得很好："由于我们有幸进化出了被称为'智慧'的能力，我们成了万物之灵长。尽管没有主动要求扮演这一角色，但我们无法回避这一角色。虽然未必适合这一角色，但我们别无选择。"这正是未来的商业领袖面临的挑战。

在定义这一挑战时，未来的商业领袖必须培养作为变革推动者的良好技能，理解组织变革的内因和外因，这是本书第三部分的重点。推动变革的方式之一是将可持续发展目标作为主流商业问题来处理，并将其融入现有市场。自从20世纪90年代中期我到商学院教书以来，人们一直主推这种模式。这是一种双赢的模式，哈佛大学商学院教授迈克尔·波特（Michael Porter）在20世纪90年代首次提出了"绿色发展是有回报的"这一理念。这一理念是可以被接受的，因为它符合当下企业管理者的理解，并且不会挑战市场的基本模式。但重点是，这是一个渐进的过程。

虽然这种方法可能会减缓我们接近环境灾难和社会灾难的速度，但它不会逆转方向，因为它没有触及问题的根源。很多人开始指出"双赢模式"的荒谬之处，认为真想解决问题，就必须改革我们的经济体制。2018年，阿南德·吉里达拉达斯（Anand Giridharadas）在其充满火药味的著作《赢家通吃：精英假装在改变世界》（*Winners Take All: The Elite Charade of Changing the World*）中提出，不存在轻松的双赢解决方案，如果所需的系统性变革挑战了既得利益，那么所谓的"思想领袖"和"财阀"将不会接受这种变革。他写道："除非你追求这个目标的方式能够帮企业家们开脱罪责，提升他们的名望，并且依赖于他们，否则企业家们不会愿意推动这一变革。"

这些批评引出了推动变革的第二种方式。这种方式更激进，该方式将相当一部分组织和个人推出他们的舒适区，推动系统性变革。这是一种"创造性破坏"，它不断重整市场，挑战国内生产总值和折现率等公认的衡量指标。例如，联合利华公司在2018年不再发布季度报告，以帮助管理层更多地考虑公司的长期发展状况，而不是仅仅关注短期利润。2019年，资产管理规模达10000亿美元的挪威主权财富基金宣布，将从石油和天然气勘探业务中撤资。同年，欧洲投资银行决定终止对化石燃料能源项目的资助，以支持欧洲成为世界上第一个气候中立的大洲的计划。2014年，"石油大王"约翰·洛克菲勒的后人所创立的洛克菲勒兄弟基金会做出了具有讽刺意味的决定，承诺在5年时间内撤出对化石燃料的投资。这些举措都具有革命性，因为它们在寻求系统层面的改变。因此，它们也会受到来自既得利益者的阻挠。

由于渐进式和革命式变革的交织，如今的商科学生必须准备好挑战现状，敢于触动既得利益者的利益，同时也要知道什么时候该审慎从事，把社会和环境挑战纳入主流语境。他们需要兼顾两者，并且懂得审时度势。他们需要了解社会变革是如何推动企业变革，以及企业是如何推动社会变革的。

这给作为变革推动者的我们甚至整个人类提出了进一步的挑战，这是本书第四部分的重点。当认识到自己也是系统的一部分时，我们又如何推动系统性变革？我们是关心气候变化、水资源短缺和社会公平的人，然而，我们的生活方式并不是可持续发展的。比如，由于要去各地做气候变化相关的演讲，我是美国达美航空的常客。我开车，我有房子，我吃肉，我的工资很高，享受着很好的医疗保健服务，而 40% 的美国人目前无法凑齐仅仅 400 美元应急资金，78% 的美国人的工资勉强能维持生计，44% 的美国人的年收入约为 18000 美元，42% 的人的退休储蓄不到 10000 美元。这些发人深省的统计数据所折射的现实，因新冠肺炎疫情的暴发而暴露无遗，在没有政府救助的情况下，很多人都面临着失业、饥饿和被驱逐的困境。在这种绝望的情况下，人们会做些什么，这一点值得我们所有人深思。但是，我们如何在为自己争取更舒适的生活方式和他人面临的困境之间找到一个平衡点呢？我们如何在缺乏自我革命意识的前提下，推动他人意识到市场必须要进行一场系统性变革呢？我们先要知道如何处理自己内心的不和谐、虚伪和内疚。我们需要知道如何在生活中保持正确的平衡，而不是假装自己不是问题的一部分。

最终，这是一种对职业的挑战——不再一味追求金钱和地位，而是将你的个人生活和职业生活融合起来。比如经常有人对我说："我通过改变生活方式所减少的碳足迹[①]，可谓杯水车薪，我不会对全球整体的碳排放量或者人类当今面临的问题造成明显的影响。"我认为，如果这是你的衡量标准，那么你就会失去继续坚持下去的意愿。但是，如果你想活得更真实，如果你想按照你的价值观生活，如果你想过正直的生活，你就必须采取与自己的价值观一致的行为，并且长期坚持这些行为。归根结底，这才是当今商学院应该传授给学生的那种理性的道德思维。

在管理中发现你的使命

通过这本书，我希望可以加速商科学生扛起责任的进程，而许多商科学生已经承担起了这样的责任，开始重新审视自己来到这个世界的目的。虽然我举的很多例子都是以可持续发展为中心的，因为这是我研究的方向，但本书的内容是为每个商科学生准备的，旨在帮助他们建立正确的从业动机。事实上，我们做什么都是有动机的，只是有些动机是经过深思熟虑后达

[①] 碳足迹指由企业机构、活动、产品或个人引起的温室气体排放的集合。——译者注

成的，而有些则可能是外部强加的或是盲目接受的。一位神学家曾经告诉我，他可以通过你如何使用自己的时间来判断你崇拜什么，而职业正是你所珍视东西的外在表现。用作家兼英语教授戴维·福斯特·华莱士（David Foster Wallace）的话来说："在成年人的日常生活中，实际上没有无神论这回事。什么都不信是不存在的。每个人都有崇拜的对象。我们唯一的选择只是崇拜什么。"同样，专栏作家戴维·布鲁克斯（David Brooks）警告说："要警惕你所爱的东西，因为你的渴望会塑造你的人生。"渴望、爱或行动是你一生的工作，而满足感源自正确的自我定位和使命感的建立。

这不是一件容易的事，我们甚至常常为试图找寻自己的使命而受挫。大学教育越来越受到重视，仅仅是因为人们通过在大学中学习技能来赚取薪水，并将薪水的购买力作为衡量幸福的标准。这里却掩盖了一个重要的事实——我们应该学习如何度过有意义、有成效的生活以实现自我价值。我们的商业社会已经把托马斯·杰斐逊在《独立宣言》中写的对幸福的追求曲解成追求一些肤浅的、基于金钱的东西，暗示你的幸福来自购买更多的商品，其中心思想是：衡量你价值的是你获得了什么和别人看到了什么，而不是你相信什么。与我们社会中的很多人的认知相反的是，个性不是由你的外表——衣服、文身、装腔作势等来衡量的，而是由你的思维方式来衡量的。大学学位、豪车、大房子和用来自我炫耀的网络帖子，这些都成为你向外人证明自我价值的方式。但这些都只是表象，而且往往不能真实地反映实际情况。

我想亲自挑战每一位商科学生、企业高管和商学院教授，让他们反思学生们赖以开展职业生涯的体制，并在这种体制引诱他们偏离自己使命时予以反击。反击意味着对你所在的世界质疑，并把握主动权，使其更加善待他人——那些愿意接受你决定的人，以及将踏着你的足迹继续前行的下一代商业领袖。我想激励你树立一个目标，当离开这个世界的时候，让世界变得比你来之前更美好。为此，必须考虑你想要留给子孙后代哪些东西，并马上行动——这是本书第五部分的重点。

现在所做的选择将会给你的职业生涯以及周围的世界留下烙印，所以你一定要做出明智的决定。我想起了波士顿大学职业发展专家蒂姆·霍尔（Tim Hall）对一位非常成功的 45 岁左右的高管进行的采访。霍尔说，那位高管对自己所谓的成功感到不满，有一天，当她看着镜子时，她忽然意识到："哦，天哪，一个 20 岁的人选择了我的职业！"为了避免重蹈覆辙，我想鼓励商科学生立刻做出明智而深远的选择，为崇高的工作而奋斗，"崇高"的衡量标准在于你的工作能否造福大众。商业的本质是服务，而不仅仅是盈利。

可以毫不夸张地说，我们的社会乃至世界的未来，都取决于此。

第一部分

转变企业角色

第一章
不断变化的商业环境

商业理念是一个源于20世纪90年代中期的相对较新的概念，它超越了简单的企业社会责任（CSR）概念，并将社会问题和环境问题纳入战略考量。时至今日，当我告诉人们，我同时承担着商学院和环境学院的两份教职时，很多人对两者之间的联系表示困惑。即使在大学系统内，很多同事像我一样都称自己被商学院的同事视为"环保主义者"，而被环境学院的同事视为"兜售资本主义的人"。但是，横跨两个相对独立的领域的人，可以比单一领域的人看到更多的机会。在20世纪90年代中期，只有少数人从事跨领域工作。如今，跨领域工作的人数远超从前，而且还在不断增长。这些人曾经是商学院教育中的"异端"，现在，他们的做法正在变成"信条"。2014年，当我听到密歇根大学罗斯商学院的院长说"可持续发展是当今管理教育的重要内容"时，我意识到时代变了。埃森哲对企业高管进行的一项调查发现，72%的受访者认为教育是企业未来能否在可持续发展方面取得成功的关键因素之一。

事实上，随着商界发现自己面临更大的可持续性挑战，这一领域亟须更多的管理教育。如绪论所述，埃森哲的一项调查发现，几乎所有（99%）全球最大公司的首席执行官都表示，可持续发展问题对其企业能否取得长远发展至关重要。商业圆桌会议和世界经济论坛都响应并表明了立场，分别发表声明，反对股东利益至上，呼吁企业为社会创造积极的价值，合法纳税，保护环境。同时，数百家企业将联合国可持续发展目标（SDGs）作为行为准则，以改善其对社会和环境的影响。然而，尽管社会各界人士付出了这么多努力和行动，问题却越来越严重。韦恩·格雷茨基（Wayne Gretzky）有句名言："我不去冰球所在的地方，我要去冰球将要去的地方。"

商学院应该同时教会学生"冰球在哪里"和"冰球去哪里"。"冰球"当前的位置引导我们了解生态效率，可持续性产品，ESG（环境、社会和治理）报告，以及过去20年来为将环境问题和社会问题纳入企业战略而设计的一系列企业计划。然而，时至如今，这些努力还远远不够。我们正面临着一个全新的问题，因为与过去相比，如今我们破坏环境的规模和范围远超从前。当今的企业管理者的成长环境和下一代企业管理者的成长环境是不一样的。今天的企业运营必须引入"人类世"战略——环境战略就是商业战略。

人类世

诺贝尔化学奖得主保罗·克鲁岑（Paul Crutzen）提出，我们已经进入了一个新的地质时代。我们已经结束了"全新世"（从大约11700年前的最后一个冰河时期持续至今的地质时代），进入"人类世"，一个人类主导的地质期，这样命名是为了凸显全球约75亿人口对地球造成的灾难性影响，如气候变化、物种灭绝、海洋酸化等。这样的转变反映了一种全新的、不断扩大的环境挑战。作为物种之一，人类的数量已经如此庞大，人类的技术已经如此强大，以致人类正在全球范围内改变生态系统。例如，2003年联合国《千年生态系统评估报告》（*Millennium Ecosystem Assessment*）得出结论："在过去的50年里，人类改变生态系统的速度和范围超过了人类历史上任何可比时期。"自该报告发表以来，人类改变生态系统的速度没有丝毫减缓的迹象。如今，科学家认为气候变化是对后代生存的威胁。2018年，联合国政府间气候变化专门委员会（IPCC）警告说，如果我们到2030年还不重视气候变化问题，那么人类对全球气候的破坏将是不可逆转的。其带来的影响可能包括：地球上部分地区将因气温过高和干旱而无法种植作物，粮食产量下降；随着天气变得更加多变和极端，风暴的破坏程度将随之上升;随着气候变化,害虫开始迁移,虫媒传染病增加;冰川融化加速,导致海平面上升和风暴频发。

气候变化只是"人类世"的特征之一,如果我们希望地球上的生物都能拥有一个安全的环境,还有另外8条我们不应触碰的"地球生态红线"(见图1-1)。然而,我们已经越过了其中的4条。第一条是气候变化:科学家们将大气中二氧化碳浓度的上限定为0.035%,世界气象组织发布的数据显示,2020年二氧化碳的全球平均浓度达到了413.2ppm(1ppm=10^{-6})。第二条是生物多样性丧失(或生物圈完整性下降):已设定的上限是每年每百万物种灭绝数不超过20个,而我们目前超过了100个。科学家警告道,我们正处于"第六次大规模灭绝"时期,到2100年,多达一半的现有物种可能会灭绝。第三条是氮污染(生物地球化学循环):科学家将工农业氮排放上限设定为每年0.35亿吨,而目前全球氮排放量是1.21亿吨(磷污染紧随其后)。第四条是森林砍伐(土地系统变化):科学家设定的底线是62%的林地保持原状,而根据联合国粮农组织发布的数据,过去20年间,全球森林覆盖面积减少了近1亿公顷,目前全球森林覆盖面积占土地总面积的31.2%。科学家们也在监测另外4个指标:淡水使用、大气颗粒物(气溶胶负荷)、化学污染(新型实体)和海洋酸化。鉴于人口将持续增长——到2050年将有近百亿人口,这些问题只会变得更加严重。另有 1 个指标正在好转：自 1987 年颁布《关于消耗臭氧层物质的蒙特利尔议定书》（*Montreal Protocol on Substances that Deplete the Ozone Layer*）至今，平流层臭氧消耗物质浓度正在下降，预计臭氧层将在 21 世纪中叶恢复原状。

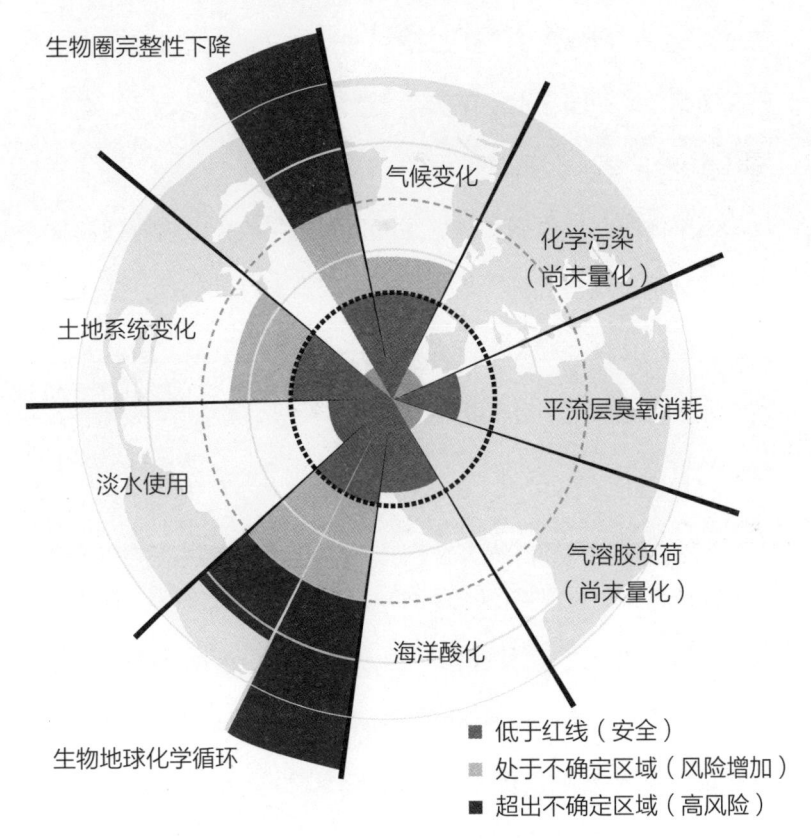

图 1-1 "人类世"的地球红线

资料来源：W. Steffen, K. Richardson, J. Rockström, S. E. Cornell, et.al., "Planetary boundaries: Guiding human development on a changing planet," *Science* 347 (2015): 736, 1259855, used with permission.

2019年，大卫·爱登堡（David Attenborough）在达沃斯论坛对商界领袖们说："商业全球化、国际合作和追求更高理想，这些都是可行的，因为千百年来，在全球范围内，大自然基本上是可预测且稳定的。现在，在一代人的时间里，甚至在我的有生之年，一切都变了。"这位著名的博物学家总结道："全新世已经结束。伊甸园已不复存在。"这种转变对社会、企业，尤其是对本书的读者，分别意味着什么？

如果没有在学校接受过一定的自然科学教育，商界领袖就无法透彻理解这些问题。人类活动引起全球气候变化，破坏水资源，造成全球变暖和海洋酸化，并导致物种灭绝。虽然人口增长肯定是导致诸多变化的因素之一，但发达国家人民当下所享有的较高生活水平，以及发展中国家人民对享有类似生活水平的合理渴望，加剧了对环境的影响。一些人建议，这个新时代应该被称为"资本世"（Capitalocene），因为正是市场提供了这些生活方式赖以存在的商品和服务，也正是市场鼓励人们越来越多地关注消费，以追求利润和经济增长。事实上，这些不断升级的影响大多始于1950年及第二次世界大战结束后，环境和社会指标开始急剧上升，标志着科学家们所说的"大加速"（great acceleration）的到来。

但是商科学生很少接受关于"商业活动如何影响自然环境"

的教育。虽然有些课程涉及资源获取、供应链管理和商品制造流程，但学生们被教导的是如何通过提高效率来优化这些活动，其首要目标是增加企业利润。这些商业活动对自然环境的影响程度没有得到足够的重视。

商科学校应该提高学生的科学素养，教育他们要负责任地管理企业。例如，兰卡斯特大学的商业教授盖尔·怀特曼（Gail Whiteman）将这些环境因素称为地球的"关键绩效指标"（KPI），而不是将其称为"地球生态红线"，商业领袖最好了解并懂得如何改变这些指标。通过这样的方式，我们得以审视并改变导致社会与生态系统发生冲突的生产及消费观念，转而寻求在创造利润和推动经济增长的过程中不过度依赖物质和能源消耗的方法。这将问题的解决方案带入了一个完全不同的维度，而不仅仅是要求企业提供绿色产品。从根本上说，这一方式挑战了"持续的经济增长是可取的，甚至是可行的"的信念。我们需要研究的是，在不完全依赖物质资源的使用和积累的前提下，如何提供能够满足人类需求的产品和服务。在认识到人类的"吞吐量"——支撑世界经济增长的原材料（包括燃料）的重量——在20世纪增长了800%之后，很多人开始重新审视诸如"稳态经济"（steady-state economies），甚至经济"去增长"（degrowth）之类的观点。用美国经济学家、诺贝尔奖得主罗伯特·索洛（Robert Solow）的话来说，美国和欧洲可能很快就会发现"要么继续过度破坏环境且过分依赖稀缺自然资源，要么……他们宁愿把日益增长的生产力用于休闲娱乐"。

美国政府发布的一项调查报告称，到21世纪末，气候变化给美国经济造成的年损失可能高达数千亿美元，包括劳动生产率损失、农作物产量下降、粮食短缺、非正常死亡、财产损失、水资源短缺、空气污染、洪涝、火灾等。2020年，世界经济论坛对全球商界领袖进行了一项调查，发现与气候相关的风险——极端天气事件、减缓和适应气候变化措施失败、重大自然灾害、生物多样性减少和人为环境破坏及灾难——成为最令人担忧的五项风险。同年，国际清算银行（BIS）警告称，气候变化可能引发系统性金融危机，"我们的央行和监管机构不应该认为自己可以对我们面临的风险免疫。"有了这些发人深省的警告作为参考，企业高管们应该制定更长远的公司战略，考虑到公司及世界在2030年、2050年或2100年将是什么样子。这些延长的时间线超出了大多数公司规划的范围，可以让我们重新思考一些基本的核心假设，关于企业的目的、市场的目标，以及我们用来评估这些机构的基本模型和指标。

最终，这会带来我们需要的那种变革性思维，以避免人类赖以生存的自然系统崩溃。很多公司承诺，通过减少产品运营、制造、材料生产和能源消耗等环节的二氧化碳排放量来实现"碳中和"（carbon neutrality）。这些公司尚不清楚如何能做到这一点，但如果他们不开始反思一些真正棘手的问题，比如物质消耗和盈利之间的关系，关注产品的同时也要关注服务，新型的伙伴关系，以及政府在推动广泛的社会变革方面的新角色，他们就不会找到答案。微软公司和宜家公司更极端的"碳负排放"的承诺将进一步拓展现有的认知边界。甚至有很多国家（如冰岛、哥斯达黎加和新西兰）都设定了到 21 世纪中叶实现"碳中和"的目标。仅仅是"碳中和"这一个问题就有多种不同层次和类型的解决思路，迫使我们用新的方式来思考未来的我们将面临什么样的世界。现在，我们能肯定的是，系统性变革将以我们无法想象的方式改变世界。正是今天的开拓性思维创造了明天新的机会。

例如，汽车行业的转型将终结或大幅减少私人汽车拥有量，但在某些农村、农场或特殊应用领域除外。埃隆·马斯克认为共享电动汽车的未来"显而易见"。亨利·福特（Henry Ford）的曾孙比尔·福特（Bill Ford）认为他的公司必须实施超越传统汽车所有权的商业模式。你的后代很有可能永远不会去考驾照或者拥有汽车，他们对交通的观念将会发生根本性的改变。我已经在课堂上看到了这一点，因为年轻人都不想承担养车的经济负担。最近的一份报告预测，2020年至2030年间，美国道路上的乘用车数量可能会下降80%，从2.47亿辆降至4400万辆。

同样，能源行业也会发生根本性的变化，我们的家庭或办公室获得（和使用）电力的方式将发生根本性的改变。美国能源部预测，未来的电网将使用更多的清洁能源。站在系统的层面，能源部预测将有更多的消费者参与并选择清洁能源，从而带来能源和信息的双向流动（包括分布式发电、需求侧管理、交通电气化和能效提升）以及整体设计方案（包括区域多元化、交直流输配电解决方案、微电网、储能、集中－分散控制等）。大型"基底负载"（如燃煤或核电）发电厂和集中式大电网的时代即将结束。

在食品领域，随着全球人口将突破百亿，人们的饮食习惯也会随之改变。人们将减少肉类消费，并开始寻找传统肉类的替代品，如素食、植物性肉类替代品，甚至是蟋蟀等昆虫食品。例如，植物性肉类替代品制造商超越肉类（Beyond Meat）公司创造了21世纪以来美国公司最佳IPO（首次公开募股）首日表现，上市首日股价从46美元涨至65.75美元，使该公司市值飙升至约38亿美元。该公司的产品正通过多家快餐店以及很多大型连锁超市销售。全球市场洞察公司（Global Market

Insights）的一份报告显示，2015年，全球可食用昆虫的市场规模约为3300万美元，但到2023年，仅美国可食用昆虫的市场规模就可能超过5000万美元。科尔尼管理咨询公司（A.T.Kearney）预测，到2040年，我们所吃的肉类中，世界上60%的肉制品将来自实验室培育的人造肉或外观和口感都类似于肉类的植物性肉类替代品。有远见的商界领袖正准备迎接或适应这些新变化。

系统性的改变当然不仅体现在市场方面。例如，世界可持续发展工商理事会（WBCSD）重新审视了消费的概念，并提倡"可持续消费"。巴塔哥尼亚公司正在探索这个问题，鼓励人们购买旧衣服或修补损坏的衣服，延长服装的使用周期。戴尔、阿迪达斯等公司已经采取措施，启动具体项目来阻止塑料进入自然环境，使用回收的海洋塑料生产新产品，以及开发生物材料等塑料替代品，以解决海洋塑料污染这一关键问题。这些只是企业所采取的行动的一小部分，是企业对市场在"人类世"中所扮演的角色，企业在不断变化的市场中所扮演的角色，以及企业管理者在领导企业时所扮演的角色。这些行动开启了企业管理的下一个阶段。

第二章
市场转型

20世纪70年代开始的现代环境运动和20世纪90年代开始的企业可持续发展运动，关注的是对空气、水和土壤的不同形式的污染，采取的应对措施包括防止污染、减少浪费和提高生态效率。随着时间的推移，人们越发关注有毒物质和危险废物的排放，环境公正和其他相关的环境问题。20世纪80年代末，世界环境与发展委员会（WCED）补充讨论了"收入不平等""收入保障""退休保障"和"劳动保障"等社会关切问题，来完善可持续发展议程的"三重底线"，即3E（环境、公正和经济）或者是3P（人、地球和利润）。

如今，这种可持续发展的"三驾马车"已经在商学院和商业实践中被普遍接受。在商学院内部，可持续发展研究起初只是管理学的一个小分支，现在已经发展成为一个成熟的科研领域。在商业实践中，可持续性已经深入企业活动的大多数领域。企业每年都会发布"可持续发展报告"，设立首席可持续发展官等职位，生产可持续发展产品（如汽车、酒店、食品和服装等），并参加以"可持续发展挑战"为主题的会议，所有这些努力都是为了帮助企业增加利润，并将可持续性作为实现这一目标的工具。

然而，尽管企业打着"可持续发展"的旗号设立了无数的新项目，社会和环境问题仍在继续恶化，如臭氧层空洞、气候恶化、水资源短缺、生态系统破坏和物种灭绝。虽然可持续发展活动已经融入企业实践中，但企业的核心发展理念却没有发生重大变化，因此，由此推出的解决方案实际上并不能解决核心问题。传统的商业模式所能解决的问题有限。这一传统模式关注的是渐进式的变化，对突破眼下危机的系统性改革缺乏关注。企业现在必须推动市场转型，而不是通过推出新的产品和服务来在市场的边缘修修补补。我们可以想到两种形式的商业可持续性。第一个是企业整合，也就是自20世纪90年代中期以来我们一直在构思的商业可持续性模式；第二个是市场转型，这是一个新兴的概念，起初它只能充当一个辅助角色，但最终会成为主流。

企业可持续发展的第一阶段：企业整合

企业可持续发展的第一阶段"企业整合"起源于20世纪90年代中期，是由迈克尔·波特（Michael Porter）等商学院教授和斯蒂芬·施密德海因（Stephan Schmidheiny）和查德·霍利迪（Chad Holliday）等商业领袖首先提出的双赢方案。它建立在"企业会及时响应市场变化以提高市场竞争力"这一假设的基础之上，它通过将可持续发展理念融入企业发展实践中来实现目标。这不是对企业坚守商业伦理或履行社会责任的呼吁，而是对关键业务进行结构调整——将可持续发展理念纳入企业发展战略中。面对市场变化，企业必须适应和创新，比如转而生产低挥发性有机化合物涂料、有机食品、绿色清洁剂或"可持续性服装"。这再次引出了双赢方案的早期支持者们提出的那些毫无意义的问题，比如"绿色环保有回报吗"，就如同问"创新有回报吗"一样，答案不是简单的是或不是，因为这取决于由谁做，什么时候做，以及如何做。这需要明智和战略性的商业思维，而这种思维不易养成。

将企业可持续发展视为一种市场的转变，其理念是：通过现有的职能部门将外部问题转化为内部业务问题，从而使其成为一个战略问题。例如，当保险公司施加可持续性发展的压力时，这一问题就变成了风险管理问题。从竞争对手来看，这变成了一个战略方向的问题。对投资者和银行来说，这就变成了资本获取和资本成本的问题。从供应商和买方来看，这是供应链物流的问题。对消费者来说，就成了市场需求的问题。

在这种情况下，可持续发展不再是一个外部问题，而是成了一个内部业务问题，企业的业务部门通过营销、会计、财务、运营等现有渠道将其传导到管理层。在任何情况下，企业都可以将可持续发展与现有的业务流程相结合。最终，企业把可持续发展看作一个战略问题，由企业的战略目标来指导，如图2-1所示。例如，高乐氏（Clorox）公司在2008年进入环保清洁剂市场，因为它看到了扩大产品供应、增加消费者需求和市场份额上涨的潜力；英国石油公司（BP）在2000年发起了"超越石油"（Beyond Petroleum）运动，作为提升公司声誉并吸引更多年轻人加入公司的一种方式；汽车公司正在研发替代传动系统（alternative drivetrain），以响应监管要求，扩大其产品组合，以吸引更大范围的消费群体。这些都是通过回应企业关注的主要问题来解决可持续性问题的企业案例。

企业管理者面临的挑战是确定在某个特定组织中哪种流程最有效。在宝洁公司这类消费品公司中，关键是能够将可持续发展与消费者需求联系起来。在沃尔玛百货有限公司这样的全球零售公司中，关键在于将可持续发展与供应链物流联系起来，以降低产品在全球范围内的流通成本。在通用电气公司这样的制造公司中，需要将可持续发展与提高运营效率、降低生产流程成本联系起来。对于奥迪公司和丰田公司等汽车公司而言，要能将其与新产品研发联系起来,推动企业生产采用混合动力和电动传动系统的汽车,并最终生产无人驾驶汽车,因为这些是该行业的未来。

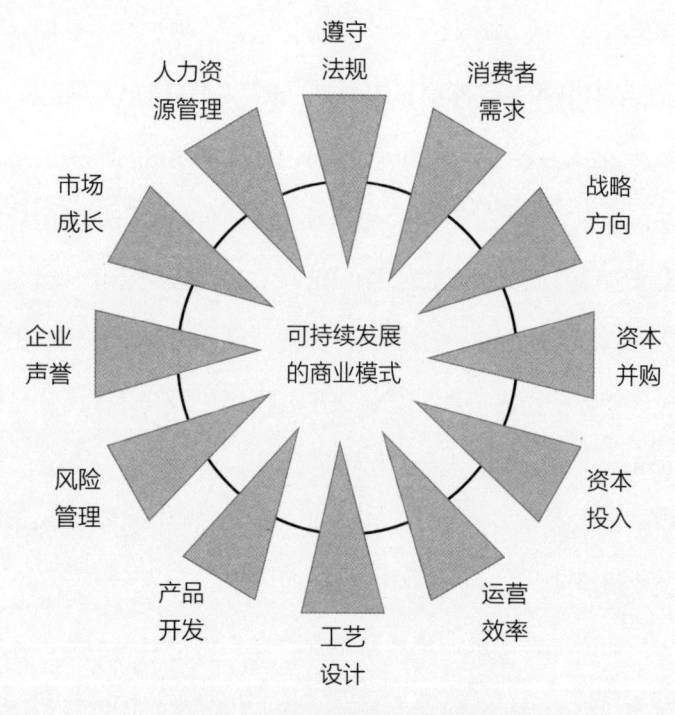

图 2-1 可持续发展的商业模式

资料来源: A. Hoffman, *Competitive environmental strategy: A guide to the changing business landscape* (Washington, DC: Island Press, 2000).

惠而浦(Whirlpool)公司自豪地指出,它从不谈论气候变化。相反,它谈论家电能效,不是因为企业的社会责任,而是

第二章 市场转型

因为它看到,在消费者优先关注因素的排序中,能效从20世纪80年代的第十或第十二位上升到如今的第三位,仅次于成本和性能这两个因素。同时预计,随着人们更加看重能源和水资源的使用成本,对能耗的关注度会进一步提高。用一位高管的话说:"我们有一列追求效率的火车。如果我们试图往火车上扔更多的东西,或者启动一辆新的火车,那只是个幌子。"

如此一来,企业无须深入了解特定问题(如气候变化)的科学背景,但仍然能认识到其作为商业问题的重要性。这一做法证明了经济发展和环境保护之间不是非此即彼的对立关系。这是企业可持续发展的第一种模式,它似乎正在引导我们走上一条更加可持续的发展道路。

但是,别高兴得太早。尽管这样的发展看起来充满希望,但我们的世界仍旧变得越来越不可持续,我们面临的问题类型与20世纪90年代明显不同。"人类世"的挑战对于我们如何看待企业可持续发展有着广泛的影响。我们现在必须认识到,当前的市场正深刻地影响自然环境,并可能为其带来灾难性的后果,这绝非将可持续性纳入现有市场模式就可以解决的问题。市场本质上是以增长为导向的,用理查德·里夫斯(Richard Reeves)发表在《卫报》(*The Guardian*)文章中的话来说:"市场在静止状态下难以存活,市场就像鲨鱼,要么移动,要么死亡。"但是永久增长是不可能的，无限追求的市场会走向自我毁灭，因为这会导致过度消费、资源浪费和环境污染。气候恶化、臭氧层空洞、粮食不安全、水资源短缺，以及由此导致的社会动荡，都表明我们的市场机制不够完善，导致市场失灵。当娜奥米·克莱恩（Naomi Klein）说我们需要抛弃自由市场经济模式并找到一个能够应对气候变化的新的经济模式时，我并不完全认同她的观点，但我同意她所提出的一点：我们很难找到摆脱这场危机的方法，因为这样做将"从根本上与疏于监管的资本主义相冲突"，我们必须"直面一个严峻的事实，即现代消费资本主义的发展正逐步破坏地球的宜居性"。

因此，企业可持续发展的第一个阶段，即将外部挑战整合到公司内部职能中，不足以解决我们现在面临的问题。如果企业仅仅将可持续发展作为企业的一种常规发展战略，那么问题不会得到根本解决。由此提出的应对措施将不受生态系统约束或社会现实的支配，而是由指导常规决策的内部及外部战略目标决定。这些应对措施通常基于生态效率和利润最大化的企业战略，这些企业战略并没有挑战作为罪魁祸首的基本商业理念：以新自由主义为基础的贸易理念、效率至上的发展理念、优胜劣汰的市场竞争理念，等等。从长远来看，企业的可持续发展战略必须超越"被动减少不可持续性"，转向"主动创造可持续性"。这样的转变需要一种新的思维模式。

企业可持续发展的第二阶段：市场转型

企业可持续发展的下一阶段是"市场转型"，它要求企业主动对商业环境进行系统性的改造，而不是被动地由不断变化的市场来驱动可持续实践。我们可以从两方面看到转变的契机：系统性的企业战略和新的经营方式。

系统性的企业战略

真正的可持续性是系统自身的属性。它不能由一家公司或一种产品来衡量，而必须包括它作为其中一部分的整个系统。一家能源公司建设风力发电场并自称可持续发展，这种做法意义不大。更可持续的能源系统涉及整个电网，包括发电、输电、配电、使用和移动。例如，谷歌公司计划到 2030 年，其数据中心和办公室完全使用可再生能源。这远远超出了象征性的承诺，通过改变公司所依赖的整个能源系统来保障自身的能源安全，同时减少其对气候的影响，为应对未来全球能源市场波动的风险做好充分的准备。其他例子包括米其林（Michelin）公司努力改变橡胶供应链或泰森（Tyson）公司等食品公司努力减少或消除鸡肉中抗生素的使用并进入人造肉市场。这些变化需要新的经营理念和合作伙伴关系、企业与政府的新型合作关系和透明化管理。

例如，系统性的企业战略涉及优化运营管理和供应链物流，以摆脱线性生产模式。在传统线性生产模式下，企业获取原材料，将其加工成产品，出售给消费者，并在其使用寿命结束时将其处理掉。取而代之的是，一些企业开始使用新的模型来减少原材料的需求和废物的产生，例如，企业利用生命周期分析来评估产品从"摇篮到坟墓"的总体环境和经济成本。工业生态学寻求将一家企业产生的废物重新定义为另一家企业的原料。循环经济通过在初始方案中考虑如何提高资源的利用率，并将废弃物以合理的方式（而不是采用粗放型处理方式，比如仅仅是作为燃料进行焚烧）加以回收利用，以减少对自然资源的消耗。

在战略领域，系统性的企业战略包括寻求与非营利组织、政府、竞争对手和看似无关的企业建立新型合作关系，以创造新的商业模式。例如，在"我的高能效生活"（MyEnergi Lifestyle）倡议中，福特汽车公司与惠而浦公司、中圣集团（Sunpower）、伊顿（Eaton）公司、英飞凌（Infineon）公司和佐治亚理工学院进行了不寻常的合作，畅想未来美国家庭将如何以整体而高效的方式整合并优化资源。家用太阳能电池板将太阳的光能转化成电能后，输出直流电，直流电在被输送到家庭电网之前被转化为交流电。但是你的电器，比如电脑，再通过变压器（适配器）将交流电转换回直流电。这显然是一种浪费，该项目研究了家用电器完全使用直流电的可行性。这首先需要配备能够使用直流电的电器，比如洗碗机和烘干机，然后可以通过使用电网监控技术进一步优化用电方案，在用电低谷（或者在电价最低的时段）启动洗衣机或开启冰箱除霜功能。所有这些协同运行方法将使家庭和电网在系统层面更加节能，而不只局限于某一个用电设备的层面。

为了更加系统地看待这个问题，我们可以审视一些经济指标，过度追求这些指标可能会给自然环境带来消极影响。2007年，经济学家尼古拉斯·斯特恩（Nicholas Stern）对"气候变化及其适应与减缓行动的经济学评估"中使用"折现率"这一概念提出了质疑，并引发了一场积极的辩论。他采用了1.4%的超低折现率，并认为在某些问题上使用折现率本身就不道德。例如，大多数大型跨国公司在现金流分析中使用5%~10%的折现率。但10%的折现率隐含着这样一个假设，即过了十年或更长的时间以后，任何东西都是没有价值的。事实是这样吗？哥伦比亚大学的阿图罗·希福恩特斯（Arturo Cifuentes）和地球

使命管理

同步科技咨询公司（Geosyntec Consultants）的戴维·埃斯皮诺萨（David Espinoza）认为，像现金流折现法这样的估值方法"植根于晦涩难懂的理念"，"以牺牲后代为代价，追求短期收益"。那可是你们自己子孙后代的未来！

很多人已经开始质疑这种价值观，以及衡量国民经济发展状况的指标的准确性。例如，新冠肺炎病毒疫情暴露了道琼斯指数等股市指数与实际经济发展状况之间的脱节。2020年夏天，道琼斯指数显示出稳定的增长，然而与此同时，美国经济出现了有史以来最大的跌幅，失业率也达到了历史新高。

另一个衡量经济发展状况的指标——国内生产总值也受到了人们的质疑，因为这一指标仅仅关注货币的流动。问题在于有些货币流动是可取的，而另一些则是不可取的。举个例子，假设我只在KK美国甜甜圈（Krispy Kreme Donuts）和麦当劳吃饭，国内生产总值就会上升。然后我心脏病突发去了医院，国内生产总值继续上升。最后我去世了，我的家人支付丧葬费，国内生产总值还会上升。这些都有同等价值吗？当然不会。现实中是否有这样的例子？当然有。马达加斯加共和国通过努力增加木材的产量和出口量来提升国内生产总值。但在此过程中，这个国家的森林砍伐速度惊人，透支了这一可再生资源未来的现金流。以国内生产总值为核心的增长目标将他们引向了错误的方向。为了找到国内生产总值这一指标的替代品，不丹推出了"国民幸福总值"（GNH）。法国前总统尼古拉·萨科齐（Nicolas Sarkozy）则成立了一个委员会，其成员包括两位诺贝尔奖得主——阿马蒂亚·森（Amartya Sen）和约瑟夫·斯蒂格利茨。该委员会的报告提出了一些新的衡量指标，将经济发展的重心从单纯的商品生产转向更广泛的整体福祉，包括关注国内生产总值所忽视的方面：如何用财富所创造的价值来造福下一代，收入不平等（看起来平均收入在增加，大多数人的情况却可能更糟），以及经济决策对环境的影响。

更具系统性思维的其他方法包括：利用企业的营销能力，向公众倡导可持续发展的理念和生活方式；探索多目的导向的新型企业治理模式，如员工持股计划、合作组织、混合型组织和共益企业[①]；实施新的员工参与形式，帮助员工在组织中茁壮成长（如积极组织学术研究和肯定式探询）。共益企业如巴塔哥尼亚公司为社会绩效和环境绩效、企业透明度和企业应承担的法律责任制定明确的标准，以寻求企业利润和社会责任之间的平衡，发展更包容和可持续的经济。

---

① 共益企业（B Corp）是运用商业的力量助力社会向好的营利性公司。——译者注

新的经营方式

市场转型也对传统的企业目标、消费模式及其商业模式提出了挑战。市场转型要求企业重新审视"股东利益至上"这一原则。任何商界人士都会告诉你,企业高管的动机及其相应策略要复杂得多。它还迫使我们寻求可持续生产和消费的新模式,并呼吁企业行动起来,用世界可持续发展工商理事会的话来说就是:"抛弃现有的消费模式",转而采用"改变主流生活方式和消费模式。"

市场转型要求提高企业透明度,在维权人士、投资者、供应商、消费者、员工的监督下,提高内部管理的透明度,来获得外界的认可。看看食品行业巨头雀巢集团的不寻常行为吧。2015 年,雀巢集团经过长达一年的内部调查,发现其来自泰国的海鲜供应链中存在强迫和虐待劳工的情况,该公司对外披露了报告结论,并警告竞争对手也可能在支持侵犯人权的行为。非营利组织"自由之家"(Freedom House)的总裁马克·拉根(Mark Lagon)称这一决定"不同寻常,堪称楷模,因为"不要说公开披露对某个问题的深入调查,一般企业的公关和法律部门都倾向于掩盖问题,因为他们担心被起诉"。雀巢集团公开承诺将对所有供应商提出新的要求,对船主和船长进行人权培训,聘请外部审计人员,并任命一名高级主管,以确保这些努力行之有效。

最后,市场转型需要令人信服的新的商业模式,以升级主导当下商业思维的传统模式,如新古典经济学和代理理论(Agency Theory)。这两种模式都是基于相当悲观的简单假设,即人类在很大程度上是不可信任的,而且是由贪婪和短视思维驱动的。当这些模式受到质疑时,新的模式正在出现,从再生资本主义(regenerative capitalism)到协作消费(collaborative consumption),从无冲突采购(conflict-free sourcing)到共享经济(sharing economy)。这四种模式只是为了重新定位经济发展方式而推出的,未来还会有更多新的模式出现。问题不在于哪种模式对,哪种模式错。我们可以借助这些不断迭代的模式来探索整体市场模式的转变,了解市场的运作规律以应对更广泛的挑战,并对伊丽莎白·科尔伯特(Elizabeth Kolbert)所警告的那种"为了追求利润而毁灭地球和文明根基"的经济模式提出质疑。最终,这种新商业模式的推广将逐步围绕一种复合模式进行整合,从而使整个市场转型变得更加清晰。

理解正在发生的转变

市场在变化,企业管理也在随之变化。我们必须对企业管理者进行培训,以推进这些转变,图 2-2 所示"企业可持续发展的两个阶段"为企业提供了相关指导。企业可持续发展的第一阶段,即企业整合,是建立在一种商业模式之上的,这种商业模式通过将可持续发展与现有的业务流程相结合,响应市场变化,以提高竞争地位。相比之下,企业可持续发展的第二阶段,即市场转型,建立在另一种商业模式的基础之上:通过改变企业的营商环境来改变市场。

1 企业整合	2 企业转型
● 层面:公司、产品、服务 ● 模式:与现有的业务流程相结合 ● 目标:减少不可持续性 ● 示例:减少碳排放 ● 有助于学生在当下的市场找到工作	● 层面:系统 ● 模式:通过改变企业的营商环境来改变市场 ● 目标:创造可持续性 ● 示例:碳中和、碳负 ● 帮助学生制定终身的职业生涯目标

图 2-2 企业可持续发展的两个阶段

资料来源:A. Hoffman, *Business sustainability as systems change: Market transformation*, Conceptual Note #5-720-388 (Ann Arbor, MI: WDI Publishing, 2019).

第一阶段迎合当下的成功标准,第二阶段将帮助企业重塑未来的成功标准。第一阶段的重点是"减少不可持续性",第二阶段的重点是"创造可持续性"。前者是量变,后者是质变。前者关注治标，后者关注治本。前者向内，聚焦于企业的健康和活力，后者向外，关注企业所在的市场和社会的健康和活力。前者有助于未来的企业管理者在当下的市场中找到一份工作，后者将帮助他们制定终身的职业生涯目标。

第三章
应对气候变化

"人类世"给商业带来了诸多挑战和机遇,其中,气候变化尤其值得重点关注。这在一定程度上是因为全球气候变暖对市场的冲击可能会异常巨大,不仅对企业影响巨大,甚至会影响整个行业和经济体。然而,无论是对企业还是经济体来说,对这一影响的评估是应对这一问题的重大挑战之一。这是因为全球气候变暖带来的威胁在日常生活中难以察觉。人们看不到温室气体正在增加,人们无法感觉到全球平均气温正在上升。例如,在飓风"佛罗伦萨""迈克尔"或"多里安"之后,人们可能不得不问:"那是气候变化造成的吗?"尽管科学的归因能力越来越强,科学推断和一般性警告(如"在决策时要考虑到气候变化")对企业的影响仍微乎其微。它们需要确凿的财务数据。

我在2013年目睹了这一幕。当时,我参与筹备了一系列高管论坛,向各行各业的高管介绍了美国国家气候数据中心(NCDC)拥有的30拍字节的天气和气候数据。虽然我们希望他们能够看到这些海量数据在防控气候风险方面的价值,但我们发现，他们对这些数据没什么兴趣，这不禁让我们怀疑，现在采取行动是否为时过早，我们的目标是否过于宽泛。

这让我和其他人意识到，要将这些数据推向市场，我们应该更加关注两个特定的行业。第一个是管理咨询行业，管理咨询公司似乎正在加入这场竞争，向企业销售个性化的气候风险报告，一些人担心此举将会使气候数据私有化，使很多人无法获得这些数据。

另一个是保险行业，保险公司可以利用这些数据，在整个市场中广泛传播。保险公司是社会承担气候变化成本的第一道防线，因此保险行业可以说是受气候变化影响最直接的行业。保险公司必须衡量在气候变化影响下不断变化的全球趋势，并就其带来的昂贵风险提出尽可能多的具体可量化的细节。在这方面，保险公司充当了中立的经纪人，宣传气候变化的现况和危害。他们只关注数据，对政治辩论没有兴趣，用商界人士能够理解的语言重新解释了这个问题。无论如何，这种做法对于为变革找到合适的参与者至关重要。

重构气候变化

环境科学家简·卢布琴科（Jane Lubchenco）在 2009 年至

2013年期间任美国国家海洋和大气管理局（NOAA）的主管，她用了一个巧妙的比喻来解释单一飓风造成的破坏与气候变化之间的关联。这个比喻涉及类固醇和棒球运动。

她的比喻是这样的。假设一个棒球运动员服用类固醇，虽然很难将某个特定的全垒打与他的用药联系起来。但是如果他的全垒打总数和打击率显著增加，这种联系就会变得明显。"同样，我们今天在地球上看到的是受类固醇影响的天气，"卢布琴科解释说，"我们看到了更多、更持久的极端高温天气，更强烈的风暴，更多的干旱和更多的洪水，同样可以反推其诱因。"这些气候灾害给人类带来巨大的经济损失。

例如，2017年，飓风"哈维""艾尔玛"和"玛利亚"、墨西哥地震，以及美国加利福尼亚山火等自然灾害，造成了3060亿美元的经济损失（包括投保和未投保），使2017年成为美国历史上自然灾害损失最大的年份。2017年是美国气温有记录以来气温第三高的年份，仅次于2012年、2016年。2017年，美国西部山火肆虐，带来的经济损失高达180亿美元。

而且，自然灾害造成的经济损失的数字还在不断攀升。2018年，袭击北卡罗来纳州和南卡罗来纳州的飓风"佛罗伦萨"造成的损失约为140亿美元，其中只有50亿美元参保，使这场飓风成为美国有史以来损失最大的飓风。同年，加利福尼亚州"坎普野火"（Camp Fire）造成86人丧生，是该州历史上损失最惨重的火灾，损失金额高达165亿美元，其中有125亿美元参保。

这些都是保险公司密切关注的趋势。慕尼黑再保险公司（Munich Reinsurance Company）的数据显示，1980年至2018年期间，美国自然灾害发生的频率和由此造成的经济损失稳步上升。2019年，慕尼黑再保险公司成为第一家明确将加利福尼亚州的火灾与气候变化联系在一起的大型保险公司，它发布了一份白皮书，警告称："气候变化导致加利福尼亚州的火灾风险上升，可以说，现在比20世纪的任何时候风险都要高。这说明总体风险和损失水平与过去相比有很大不同。随着加利福尼亚州气候的持续变化，中期内这些状况将进一步恶化。"

不可否认，自然灾害给保险业带来了巨大的经济损失。2017年，美国保险业为自然灾害赔付的资金达到了创纪录的1350亿美元，几乎是年均490亿美元的3倍。更不用说还有1950亿美元的未投保损失。2012年飓风"桑迪"造成的未投保损失占总损失650亿美元的50%，这给每个纳税人都带来了沉重的负担。

在最极端的情况下，一些人担心某个单一事件或一系列事件是否会打击一国甚至全球的保险业。有人推测，如果迈阿密遭遇5级飓风，将使佛罗里达沿海地区蒙受37 000亿美元的财产损失，带来的保险损失可能达到 1500 亿至 2500 亿美元。但在极端情况下，损失可能更大。剑桥大学贾奇商学院（CJBS）的风险研究中心模拟了一场 4 级飓风，袭击迈阿密以南的佛罗里达湾，然后向西北方向吹向坦帕和彭萨科拉，最终造成的经济损失总计超过 13500 亿美元。

随着保险行业做出调整，将这些日益增长的气候变化风险体现在保险范围和保险费上，成本的上升将改变我们的经济状况，影响每个人的钱包，从而改变每个人对当下这场生存危机所引发风险的理解。这可以解决宣传气候变化的重大挑战之一：如何将气候变化与个人利益联系起来。若想让这一问题引起更多人的关注，最好的方法之一就是在问题上面画上一个美元符号，而保险恰恰可以做到这一点。我们开车、买房子、盖办公楼、经营工厂以及签订合同的能力，都与保险密切相关。离开保险，这类活动将变得更加昂贵，甚至无法进行下去。慕尼黑再保险公司的首席气候学家厄恩斯特·劳奇（Ernst Rauch）在 2019 年警告称："如果山火、洪水、风暴或冰雹带来的风险正在上升，那么我们唯一可持续的选择就是相应地调整保险费。从长远来看，这可能会成为一个社会问题……支付能力变得至关重要，因为一些地区的低收入和中等收入人群将无力支付保险费用。"

一个全新的挑战

虽然以慕尼黑再保险公司和瑞士再保险公司（Swiss Reinsurance Company）为代表的为普通保险公司提供再保险服务的公司几十年来一直在研究气候风险水平不断上升的问题，但州立农业（State Farm）公司、旅行者（Travelers）公司和利宝互助（Liberty Mutual）公司等知名的传统保险公司一直反应缓慢。这主要有两个原因。第一，他们可以将最具灾难性或最具不确定性的风险转嫁给再保险公司和其他投资者。第二，保险公司过于自信，认为能够通过逐年快速调整策略来应对气候风险。例如，沃伦·巴菲特（Warren Buffett）在2018年告诉股东："没有哪家公司在财务上比伯克希尔·哈撒韦（Berkshire Hathaway）更有能力应对4000亿美元规模的特大灾难。我们的赔付损失可能在120亿美元左右，远低于我们预期的非保险业务年度收益。"他的反应并非个例。2012年的一项研究发现，只有12%的保险公司制定了全面的气候变化战略。

但这种情况正有所改变。2018年的一项研究发现，38%的保险公司认为气候变化属于核心业务问题，同年，国际保险监管者协会（IAIS）发布了一份报告，概述了气候风险对该行业的战略威胁。该报告警告说："重要的是要认识到，保险公司可能非常了解此类极端事件的动态，并且能够通过年度合同重新定价来调整风险敞口。然而，潜在的气候风险可能会以非线性的方式发生变化，例如与之前发生的事件不相关的巧合，从而导致出乎意料的高额赔偿。"

很多保险公司似乎开始关注气候变化了。北美精算师协会（SOA）2019年的一项调查发现，267名精算师认为气候变化是他们面临的最大新兴风险。事实上，气候变化被称为"调查的重大推动因素……与前几年相比发生了巨大的变化……气候变化现在被认为是当前最大的风险（12%）、最大的新兴风险（22%）、最大的组合风险（11%），在五大新兴风险中排名第二（49%）"。

认识到这一威胁之后，很多保险公司淘汰了几十年来一直沿用、早已过时的天气精算数据，聘请了一些内部气候学家、计算机科学家和统计学家，来重新设计他们的风险模型。最终，他们开始考虑是否需要调整承保范围并提高保险费率。2019年，美国最大的商业保险公司利宝互助保险集团和丘博保险集团（Chubb）都宣布，将停止为火电厂提供保险服务。高盛集团（Goldman Sachs）也紧随其后，宣布不再为北极石油勘探开发或新的燃煤发电项目提供资金，除非其使用碳捕获技术。金融机构有能力通过碳定价来推动市场转变。这些举措将迫使公民、企业和政府加大对气候问题的关注力度。

气候确实在变化

伽利略在 16 世纪试图颠覆主流信仰，声称地球绕着太阳旋转，在遭到宗教裁判所审判后，他被迫放弃自己的学说。据说他在判决书上签字时说道："地球还在转动。"如今，尽管很多人否认气候正在发生变化，但人们可能会给出类似的反驳："气候确实在变化。"

由于人类持续排放温室气体，气候持续发生变化，气候模型预测气候变化的难度越来越大，飓风、山火、干旱和洪水造成的经济损失增加，保险支出也在同步增长。相应地，保险费率提高，承保范围缩小。市场因此发生了转变，人们开发了可再生能源，发明了电动汽车，并努力实现碳中和的目标。市场转变还催生了新的绿色建筑评价标准，催生了减少碳足迹的新行为，最终催生了新的认识，即认识到自然灾害的严重性正在加剧，而其本质正是气候变化的后果。

气候变化将对未来数年乃至数十年的商业产生重大影响。随着企业接受这一挑战，其他人也会被迫给予足够的重视，其中也包括商学院。未来的商业领袖必须接受"新常态"培训。

使命管理

在这个世界上,气候变化会对市场产生持续的影响,改变财务计算、供应链可靠性、资源可用性,以及对商业课程和商业实践至关重要的各个方面。

第二部分

重塑政府角色

第四章
重新思考政企关系

"我们在各方面都一团糟……对（美国）政府的尊重，对（美国）最高法院的尊重，对（美国）总统的尊重，这些都已经一去不复返了。"

美国联邦储备委员会前主席保罗·沃尔克（Paul Volcker）在《纽约时报》2018年的一篇专栏文章中发表了如上言论。他担心的是："很难想象，如果没有人相信这个国家的领导层，那该如何管理一个民主国家？"沃尔克的担心不是杞人忧天。根据2017年的盖洛普民意调查，81%的美国人不赞成美国国会的工作方式。据《盖洛普新闻》（*Gallup News*）的弗兰克·纽波特（Frank Newport）报道称，"这是我们调查的所有机构中评级最低的"，他补充说，"美国人认为美国国会腐败，不注重人民的利益。"皮尤研究中心指出："公众对美国政府的信任仍处于历史最低水平。如今，只有19%的美国人说他们可以信任自己的政府"，而"1958年美国国家选举研究（ANES）首次提出这个问题时，73%的人说他们可以相信自己的政府"。可见，信任率自那时至今一路下滑。

这种不信任会影响人们对政企关系的看法。在与商科学生交谈时，我发现如今很多人明确表示，政府对市场没有任何作用，政府监管通常是对市场运作的一种限制和干涉。这一变化，无论是对于市场、对于社会的影响，还是对于学生的个人职业规划的影响，都是值得关注的。事实是，市场需要政府为商业活动制定规则，如建立产权制度、建立存款保险制度、制定补贴政策和关税政策、制定货币政策和财政政策、制定贸易规则、保护自然环境、为弱势群体提供社会安全网络等。事实上，美国宪法赋予政府监管商业的权力。同时，政府需要企业提供信息、数据、知识和研究，以便在很多问题上制定合理的政策。如果不对未来的企业高管进行这两方面的培训，就会影响他们正确理解市场的基本概念，管理市场的政策，以及在这种环境下领导公司的能力。

但如今的商学院学生对政府的态度并不是凭空出现的。美国人总体上对市场和政府的关系深感矛盾并充满分歧。盖洛普咨询公司在2018年进行的一项调查发现："连续12年，认为政府对工商业的监管'太多'的美国人（39%）多于认为政府监管'太少'的美国人（25%）或'适度'的美国人（33%）。"盖洛普咨询公司还发现，68%的共和党人认为政府监管过多，而持有此观点的民主党的比例只占20%。皮尤研究中心的一项调查也发现了这种党派分歧,并指出:"共和党和民主党在政府、种族、移民、国家安全、环境保护等基本政治价值观上的分歧,在奥巴马担任总统期间曾达到了创纪录的水平。在特朗普担任总统的第一年,分歧甚至进一步加剧。"然而,卡托研究所（Cato Institute）进行的一项调查发现,59%的美国人认为"至少在过去,政府监管产生了积极的影响",56%的美国人认为"政府监管可以帮助企业更好地响应民众的需求"。

企业对政治的影响力与日俱增

对这些调查中看似矛盾的地方,《福布斯》（Forbes）的卡洛琳·鲍曼（Karlyn Bowman）总结道:"我们既希望政府不要插手企业事务,又希望得到保护,以免企业过度贪婪和滥用权力。"原因是,美国人虽然不信任政府对市场的监管,但也对阻碍民主进程的特殊利益集团和游说团体心存警惕。事实上,普林斯顿大学的政治学家马丁·吉伦斯（Martin Gilens）和美国西北大学的本杰明·佩奇（Benjamin Page）在2014年的一项研究中得出结论称,1981年至2002年间,经济精英和狭隘的利益集团对政策的制定和推行产生了巨大的影响,而普通美国公民的观点实际上对政策没有任何影响,即"从统计学角度看,普通美国公民的偏好对公共政策的影响微不足道，接近于零"。每年用于游说的资金数额似乎印证了这一结论，2018年达到34亿美元，其中美国商会（The U.S. Chamber of Commerce）以9500万美元名列榜首，其次是美国房地产经纪人协会（NAR）的7300万美元，以及美国药品研究和制造商协会（PhRMA）的2800万美元。在2018年美国选举季，美国政治行动委员会（PAC）花费的13亿美元中，金融、保险和房地产相关企业提供了5.95亿美元。公司高管也以个人身份参与捐款。2018年，拉斯维加斯金沙集团董事长谢尔登·阿德尔森（Sheldon Adelson）向政治候选人捐款超过1亿美元。

我们有充分理由关注企业对政策的影响程度，特别是当它们为支持或反对某些政策而进行游说时，这些企业往往会同时发表相反的公开声明。例如，调查企业影响力的监督机构影响力地图（Influence Map）发现，最大的石油和天然气公司每年花费近2亿美元进行游说，以推迟或阻止应对气候变化的政策的制定。总而言之，企业的影响力水平正在削弱政府制定应对收入不平等（如税收改革、工人培训或医疗保健）或气候变化（如制定碳价格）等最基本政策的能力。

如今的商科学生正步入一个民众对企业与政府关系的不信任程度达到历史最高点的世界。与此同时，很多企业在游说政府方面拥有巨大的权力，但游说的方式往往与公共利益背道而驰，而且很少有商学院开设讨论如何更好地处理政企关系以造福社会的课程。来自商学院和公共政策学院的师生就此展开讨论，并取得实际成果的情况就更少了。

这场对话的一个很好的起点是关于游说的建设性辩论。美国民众对游说的看法通常是负面的，他们认为要么是企业在政策领域施加了不适当的影响力，要么是政府对市场进行了不必要的干预。但这不是游说起作用的方式。游说对于民主政治至关重要，因为政府会就如何制定市场规则以及在必要时进行改革寻求意见。人们对游说人士的刻板印象通常都是一边抽着雪茄一边进行幕后交易的富商，事实上，很多游说人士都是见多识广、尽职尽责的人，为政府提供了宝贵的服务。如果你和任何一个优秀的游说者交谈，他们都会告诉你，诚信行事、赢得他人信任是他们工作能力的核心。

企业游说有利于公众利益的例子有很多。例如，在2006年，玫琳凯为《防止对妇女施暴法》游说，同时也为乳腺 X 线检查纳入保险范围、农村地区乳腺癌筛查项目和加强乳腺癌研究进行游说。2001 年，列维·施特劳斯公司（Levi Strauss & Co.）为完善危地马拉的劳动法、提高工人的生活水平进行游说。1997 年，加德公司（Cascade Engineering）游说密歇根州为"从福利到工作"计划投入更多资金。

我们需要认识到，政府和企业在解决社会最深层和最系统的挑战方面有着共同的利益，商科教育需要教授给学生更多这样的例子，并帮助学生转变观念，将游说视为一项公共服务，即游说是为了维护集体利益，而不仅仅是为了一己私利。但商学院也需要鼓励学生认真思考，要如何抵制那些侵蚀民主的负面游说。

我们可能需要向学生介绍密歇根大学的商业经济学教授汤姆·莱昂（Tom Lyon）等人的研究成果。多年来，他一直在研究企业的"漂绿"（Greenwashing）行为，即虽然宣称支持可持续发展，私下行为却与之背道而驰。他尤其关注公开声明和游说活动之间的脱节，并警告说，这种脱节很容易逃脱惩罚，因为没有明文规定要求企业披露游说内容，所以企业的游说内容往往很难被外界知晓。例如，埃克森美孚公司在其网页上写道："我们承诺在气候变化问题上采取积极行动"，而2018年，该公司花费了4000多万美元进行游说，反对气候政策，并支持美国立法交流委员会（ALEC）和美国石油协会（API）等贸易组织，这些组织同样参与了反对气候政策的游说活动。为了揭露这种"双面策略"的真面目，莱昂等人呼吁制定法规，要求企业披露更多关于其游说行为的细节，无论是单个企业还是作为行业协会的一部分，都应公开他们的游说立场，并披露他们的游说内容。

事实上，这并不是一个全新的想法。有些人可能会惊讶地发现，多种类型的游说在整个19世纪的美国都是被禁止的。佐治亚州曾规定"游说属于犯罪"，而在加利福尼亚州，游说是重罪。直到20世纪70年代初，大公司才开始为自己积极游说。从那时起，利己主义的腐败行为愈演愈烈。

企业与政府之间模糊的界限

在商界内部，围绕政府和企业各自合理的角色，人们的意见也发生了冲突。2019年，商业圆桌会议发表声明称，企业不能只为股东服务。此举赢得了大量的媒体正面报道。但机构投资者理事会（Council of Institutional Investors）警告称，这不是企业的职责，而是政府的职责，并发表声明称："对所有人负责意味着不对任何人负责。应该由政府负责界定并实现与股东长远利益关联不大或毫无关联的社会目标，而非企业。"

这些争论并没有明确的答案，因此，我们必须引导今天的商学院学生，让他们更加深思熟虑、更有建设性地参与其中。归根结底，资本主义是一套构建我们的商业规则和互动规则的制度。其并非像有些人认为的那样,是一种不受政府监管的自然状态。它是为了服务人类而设计的,也是为了发展而设计的。"没有政府,我们也能有一个运转正常、高效的市场",这种想法太天真了。正如尼斯卡宁中心(Niskanen Center)的主席杰里·泰勒(Jerry Taylor)所写的那样:"无论我们在世界的哪个地方,当我们看到自由主义者所喜欢的权力有限、无足轻重的政府时,我们看到的都是'失败的国家'。在那里能找到多少自由和人类尊严?很少。"问题不在于政府在市场中是否发挥作用。问题在于政府将如何与市场共同发挥作用,帮助我们应对社会整体所面临的挑战。

第五章
民主与市场

上一章所描述的政企关系对美国社会的影响远远超出了美国政府的权力范围。它正在改变美国的文化。美国的很多人背离了民主的价值，在引导公众思维时一味鼓吹市场的价值。重要的是，很多人分不清两者区别，认为资本主义和民主是一回事。这是一个严重的错误。为了认清这个错误，我们可以求助于詹姆斯·麦迪逊的智慧，他是美国宪法的起草人和签署人之一，也是美国的第四任总统。

首先，我想提出一个具有挑衅性的问题。有多少美国人知道自己生活在一个"代议制民主"国家中，甚至知道这意味着什么？那些申请美国公民身份的人会了解到这一点，正如美国公民及移民服务局（USCIS）的网站上所写的那样："美国是一个代议制民主国家。这意味着我们的政府是由公民选举产生的。在这里，公民投票给他们支持的政府官员。这些官员在政府中代表了公民的想法和关切。"麦迪逊在《联邦党人文集》中写道，代议制民主（或共和制）的作用是：

通过某个选定的公民团体，使公众的意见得到提炼和扩大，因为他们的智慧最能辨别国家的真正利益，而他们的爱国心和对正义的热爱似乎不会为暂时的或局部的考虑而牺牲国家。

在这些声明中，没有任何地方表明每个公民的观点都是同等有效的，也没有任何地方表明民主的存在是为了服务于大多数人。这种"少数服从多数"的观点是由市场价值驱动的——如果有足够多的人想要购买一种产品，它就有价值。比如，很多批评者认为，大学不应该限制言论自由，他们认为应该由市场来决定这件事："如果没人来听他发言，这就是社会的发言（选择）。"但这是金科玉律吗？任何言论都要听凭市场的裁决吗？

我们还可以看到，多数原则的市场逻辑在美国选举制度的演变过程中得到了体现。选区划分被操纵以提高某一方的竞选胜算，政策立场往往由民意调查和焦点小组决定，美国政治家们只考虑选票数量，并且在一种"与其他立场水火不容"的错误观念下运作。对于美国政治家们来说，全面考虑问题的各个方面，并与那些对问题持有不同看法的人进行谈判，以寻求为全社会服务的解决方案，已经变得不再重要。如果某个问题变得太过棘手、难以处理，美国政治家们就会通过公投把它交给公众决定,这就进一步扭曲了政府职能,因为这场斗争不再是关于理念和公共利益,而是金钱的对决。2018年,全美用于州级投票的资金超过11亿美元。那一年,加利福尼亚州的8号提案(将透析诊所的利润控制在服务成本的15%以下),创下了与反对者(主要是透析中心及其行业协会)斗争的竞选支出记录。反对者的资金投入量达到惊人的1.114亿美元,而支持者只能筹集到1800万美元。该提案最终失败了,光看竞争双方的支出规模就可以预见这一结果。

如果把关于公共利益的问题交给市场来决定,我们就会屈服于一种对社会价值漠不关心的逻辑。市场对产品的社会价值漠不关心,无论是"宠物石头"、雷达电子狗还是烟草。市场只关注利润,对于那些不购买这些产品甚至可能反对它们的人,市场毫不理会。如果有足够多的消费者购买某种产品,那么它就有价值,不管这些消费者是否从该产品中获益,是否需要它,甚至是否受到它的伤害。例如,2019年,密歇根州索赔法院叫停了该州禁止青少年购买电子烟的禁令,称该禁令对电子烟企业造成了严重的经济损失。电子烟给人们带来了较大的健康和安全风险,尤其对未成年人的健康损害更严重,但这一健康和安全风险显然未被考虑在内。市场绝不会要求个人为了更大的利益而牺牲个人利益;相反,市场会关注个人当下自私的需求。

大多数人的意志永远不会带来一个稳定的民主。随着这种"市场逻辑"在社会中不断蔓延，这种不健康的逻辑正朝着更为险恶的方向发展。

迎合网络民粹主义的市场逻辑

在市场逻辑主导公民领域的同时，社交媒体正在让情况变得更糟，因为政治家和记者都把推特（Twitter）上的转发量和脸书（Facebook）上的点赞量视作民意的反应，而公众则将社交媒体视作自由讨论的场所。常识和严谨的研究都表明，社交媒体没有反映出公众的关切和利益。所有推特消息中，有15%至66%是由机器人自动推送的，剩下的则来自少数活跃用户。但是社交媒体上充满敌意和煽动性的内容却会以某种消极的方式影响我们的思维和行为。社交媒体助长了一种"暴民心态"，其匿名属性鼓励了反社会行为。

群体心理学领域解释说，群体通常在感知到不平等或不公平后自发聚集，强烈的群体情绪会放大事因的重要性。群体反应可以是主动的，也可以是被动的。但网络暴力现象在社交媒体上频发，在此过程中，网民们变得更加粗鲁和刻薄。网络的匿名性使网民们的自我意识减弱，网民们一旦受到某种强烈的情绪暗示的触发，就会丧失自我判断力和自我约束能力。这种经历会让人情绪激动，引发个体状态下通常不会出现的冲动与盲从的行为。

2013年，国际汽车零部件集团（IAC）的公共关系高级总监贾斯汀·萨科（Justine Sacco）在推特上发布了不当言论，随后登上了飞往南非的航班，结果她的这条言论上了热搜。在她飞行的过程中，"贾斯汀着陆了吗"的话题标签传遍全球，成千上万条推特攻击并嘲笑她。当她着陆后，一位推特用户拍下了她的照片并发布到网上，同事们都躲着她，最终她因此丢掉了工作。她成了遭受"推特攻击"的典型代表。很多研究和谈论气候变化的人都因为他们的工作而遭到匿名者的网络攻击。我收到过一些恶意邮件："你在为撒旦工作""你是骗子还是纯粹的傻瓜""你的生活如此空虚，但我敢打赌，从今以后情况会变得更糟"。

米娜·西卡拉（Mina Cikara）和丽贝卡·萨克斯（Rebecca Saxe）的研究发现，"尽管在大多情况下，人们都表现出强烈的公平感，并坚守避免伤害他人的道德底线，但当出现'我们'和'他们'的区别时，人们的优先级就会改变"，失去个人道德准则。通过这种方式，网民很容易被煽动，而一旦被煽动，就很难被控制。虽然社交媒体也可以带来有组织的和平示威，但当基于不完整或不准确信息的愤怒、无礼和狂热的情绪压倒一切时,"推特风暴"或"社交媒体愤怒"会越来越多地主导我们的社交话语。

这些情绪和行为不利于形成正常运转的民主政府所需要的那种温和、全面和寻求妥协的话语环境。在社交媒体上发表个人观点要比从事民主的艰苦工作容易得多。社交媒体永远也不会取代面对面的交流、传统媒体、市政厅会议、公开辩论和认真反思等形式。社交媒体往往被少数意见领袖所左右,他们把转发或点赞的数量与论点的价值等同起来,借此来掩盖真实的民意。

民主是"闹剧还是悲剧"

脸书公司[①]的早期投资者罗杰·麦克纳米(Roger McNamee)在2019年警告称,脸书公司、谷歌公司和其他科技巨头是"在我的有生之年,对全球秩序的最大威胁"。麦克纳米虽然从投资中获利颇丰,但他开始看到"民主因这些软件的交互设计而遭到破坏",如脸书这一社交媒体平台通过令人愉悦、流畅的界面

---

① 现已更名为元宇宙(Meta)公司。——译者注

提升用户黏性，让用户从骨子里依赖"点赞"和"标签"，并将其作为人类交互的人工替代品。

兰德公司（RAND Corporation）将当前错误信息和虚假信息满天飞的现实称为"真理衰退"，在这种情况下，人们在某个问题上越来越难以达成共识，观点和事实之间的界限越来越模糊，这是一个前所未有的挑战，并对我们的民主构成了致命的威胁。他们的报告认为："最具破坏性的影响可能包括公民话语权利的侵犯、美国政治瘫痪、个人与政治机构及民间机构的疏远和脱离，以及美国政策的不确定性。"麦迪逊曾写过类似的观点：

一个缺乏大众信息或信息获取手段的政府，不过是一场闹剧或悲剧的序幕，或者两者兼而有之。知识将永远支配无知，一个希望自治的民族，必须用知识赋予的力量武装自己。

市场逻辑、网络暴力现象、虚假信息泛滥等诸多因素强有力且充满破坏性的结合，给民主带来了威胁，如何应对这种威胁，没有简单的答案。作为个体公民，我们能做的是找出症结所在，重新审视我们民主的基本价值观，并尝试改善在我们的影响范围内的状况。

我们可以打破社交媒体和选择性新闻来源营造的信息茧房；寻找更广泛的信息来源；与想法不同的人接触并交流；礼貌地与邻居进行辩论。最重要的是，学会妥协，保护少数人的利益，使其免受多数人的损害。简而言之，我们只是需要重新学习"如何发挥我们作为公民的作用"，这一作用的退化将摧毁我们的民主。

在我看来，有太多的商科学生只希望通过经济领域改变世界，比如创业，开发新应用，或者拥有更大的个人影响力，却没有考虑如何融入更广阔的公共领域。虽然这些创业活动是有价值的活动，但商业领袖不应该忽视自己作为公民应履行的责任。商业领袖应在履行责任的过程中为民主之墙添砖加瓦。如果商科学生和商界领袖都与政府渐行渐远，政府将继续被贬为社会中一股无关紧要的力量。随着这种情况的持续，民主将进一步受到侵蚀。我们需要将麦迪逊和其他人的经验教训纳入商科教育，帮助学生理解企业在其所依存的社会中可以发挥的诸多作用，并最终引导企业朝着最符合社会长期利益的方向发展。

第六章
透过政府"停摆"理解政府价值

从 2018 年 12 月 22 日至 2019 年 1 月 25 日,美国经历了有史以来最长的一次政府停摆,持续了 35 天,美国人体验到了没有政府的生活。有些服务的缺位是显而易见的,例如国家公园(如红杉国家公园和金斯峡谷国家公园)堆积了大量垃圾,或者在机场的安检站处排了很长的队。另一些服务的缺位则不那么明显,但同样重要,例如一些企业家无法获得小微企业贷款,或者无法在国税局、证交所或其他重要机构正常办理业务。

很多美国人意识到(有些人可能是第一次意识到)政府很重要。然而,一旦政府停摆结束,美国人便开始遗忘其造成的痛苦和不适,这发自肺腑的感触也随之消退,就像美国人遗忘或低估 2013 年为期 16 天的美国政府停摆造成的损害一样。这不应该被遗忘。政府停摆为我们提供了一个很好的机会,让我们可以反思政府在自由市场中的重要作用,并思考我们该如何在政府监管和市场效率之间找到更好的平衡。

政府停摆对商业有何影响

持续 35 天的美国政府停摆造成大约 80 万名政府雇员被迫休假或无偿工作，影响到十几个机构或部门。这导致了大量经济活动放缓或停止，包括食品安全检查、企业首次公开募股，甚至新款精酿啤酒的上市审批。

随着食品、环境和日常生活的其他重要方面的风险增加，美国人也终于感受到了这些代价。经济学家警告说，从长远来看，美国政府停摆还可能削弱市场信心，因为企业、消费者和投资者可能开始对美国政治领导人制定建设性政策的能力失去信心。据白宫的经济学家估计，政府停摆一周，经济增长率就会下降 0.13 个百分点，这意味着经济损失超过 60 亿美元。

汉密尔顿与公共产品

虽然美国政府停摆使美国人清楚地体验到政府缺失的感觉，但其巨大的成本引发了关于政府在市场中合理角色的争论。这一争论自美利坚合众国成立以来就一直存在。比如，美国首任财政部部长亚历山大·汉密尔顿就曾侃侃而谈政府介入市场的必要性，其具体做法是建立一家国家银行，他将该银行称为

"促进并扩大个体间商务活动的关键公共机构"。他声称:"工业发展,商品成倍增长,农业和制造业蓬勃发展,这就是一个国家真正的财富和繁荣。"

政府在市场中的作用远远不止是建立央行。"公共产品"往往需要一套法律的保护。这方面的例子包括环境、国防、国家公园、消费者保护以及可为我们带来新发明和创造未来产业的先进研究。

美国作家迈克尔·刘易斯(Michael Lewis)在他的著作《第五种风险》(*The Fifth Risk*)中详细阐述了在市场中发挥良好作用却很少被人注意的重要政府职能。例如,在食品安全保护或废弃核燃料的监管等问题上,政府能够超越短期利益和个人利益,考虑更宏大的集体利益,以及能做出超越季度收益或股票投资组合等短线思维的长远考虑。此外,他还展示了一个正常运转的经济体系是如何帮助政府公务人员利用现有的最佳数据和科学研究为所有美国人提供重要服务的。刘易斯指出,政府科学家长期以来一直在挖掘这些数据,以保护美国人民,但在美国政府停摆前后,很多政府数据开始从政府网站上消失(比如美国环保署的气候变化数据、美国农业部的虐待动物数据、美国司法部的暴力犯罪数据等)。他警告:"在每一项从政府网站上消失的数据背后,通常都隐藏着狭隘的商业动机。"

为了更好地了解美国政府在市场中所发挥的积极作用，我们可以看看国防部高级研究计划局（DARPA）的例子。该局成立于1958年，隶属美国国防部，旨在研发供军方使用的高新技术。该局的很多产品都通过市场向公众开放。该局为美国提供了互联网、GPS（全球定位系统）、隐形飞机，以及如今用于非国防领域的多项其他技术。

缺乏适当的政府监管可能导致严重的集体和个人经济损失，2008年的国际金融危机就是一例，其部分原因是《格拉斯-斯蒂格尔法案》(*Glass-Steagall Act*)的废除。该法案是在20世纪30年代大萧条之后通过的，旨在将商业银行业务与投资银行业务区分开来，并防止过度杠杆化和过度冒险。但该法案在金融业的游说下于1999年被废除，随后美国商业银行立即开始大规模从事投资银行的活动，导致出现了"大到不能倒"的金融机构。

只有通过监管机构的介入和精心设计的法律，美国政府才有能力阻止另一场危机的发生。用美国布鲁金斯学会的阿伦·克莱因（Aaron Klein）的话说："自2008年国际金融危机以来，我们在建设更安全、更有韧性的金融体系方面取得了实质性进展。《多德-弗兰克法案》(*Dodd-Frank Act*)等法律的升级，打造了一个更强大的监管体系，为监管机构提供了发现、预防和遏制未来问题的新工具。这些改革会降低未来发生危机的可能性，并在危机发生时减轻其影响。"

然而，人们越来越担心，由于华尔街的过度投机行为以及房地产和债务方面的金融泡沫，另一场金融危机可能即将爆发。2019 年第一季度，全球债务攀升至创纪录的 2470000 亿美元，远高于 2008 年国际金融危机前第一季度的 1778000 亿美元。诺贝尔经济奖得主罗伯特·席勒（Robert Shiller）警告说，房地产市场正处于另一个泡沫阶段，"就像 2005 年一样"，旧金山和洛杉矶的市场已经在放缓。面对这一系列问题，关键不在于政府是否应该介入市场，而在于介入的程度、方式和层面。但正如我们在政府停摆事件中所看到的，政府监管的缺失可能导致市场失灵。

美国人的发展观

美国人正逐渐放弃政府应置身于商业和市场之外的观点，转而支持扩大公共部门的职能。虽然仍有很多美国人认为政府监管过多，而不是不够，但根据盖洛普咨询公司的数据，认为政府监管"太多"的美国人的比例已经从 2011 年的 50% 下降到 2018 年的 39%，同时越来越多的美国人表示目前的监管程度"刚刚好"（这一比例从 23% 上升到 33%）。

这些调查表明，美国人不仅仅想要更少的监管，他们同时想要更好的监管。很多美国人认为金融业是个贪婪的行业，需要加强监管，政府在加强监管方面最需要针对的一个领域是金融业。卡托研究所 2017 年的一项调查发现，77% 的受访者认为，如果银行家认为某种做法可以赚大钱，并且不会受法律制裁，他们就会不惜损害美国普通民众的利益；64% 的受访者认为，华尔街银行家"实质上是通过欺诈获得了巨额报酬"；49% 的受访者担心这个行业的腐败是"普遍的"，而不是局限于少数机构。

走向更好的平衡

不幸的是，美国政界人士非但没有就政府的正确平衡展开辩论，反而将政府贬为"问题"或"沼泽"。这些污名暗示着政府要么无能，要么碍事，要么腐败。这些政界人士这样说，是为了利用一种普遍存在的误解，即政府在市场中没有任何作用，监管是对企业的不必要干预。虽然政府中确实存在着受特殊利益集团影响和效率低下的问题，但企业仍然是资本主义和市场

第六章 透过政府"停摆"理解政府价值

运作的核心,不能因政府的问题而对企业自由放任、不加干涉。

毕竟,资本主义是一套由政府、企业和公民社会共同建设的制度。正如《国家事务》(*National Affairs*)的编辑尤瓦尔·莱文(Yuval Levin)所指出的那样:"市场规则不是自发建立的,也不是显而易见的。"相反,市场需要了解市场运作及其优势的立法者对其进行监管。

因此,我们应该让商界领袖认识到"重塑政府"的重要性,以改善政府各部门、各级政府之间,以及政府与市场之间的互动方式。与此同时,不可或缺的是,我们应提供更多关于政府职能的商科教育,并邀请商科学生参与讨论如何使政府更好地履行职能。

第七章
共同应对气候变化

耶鲁大学经济学家威廉·诺德豪斯（William Nordhaus）毕生致力于研究气候变化所带来的负面影响，并主张用征收碳税的方式来遏制全球变暖。然而，颇具讽刺意味的是，就在2018年10月8日，也就是诺德豪斯的研究获得诺贝尔经济学奖的同一天，联合国政府间气候变化专门委员会（IPCC）发布了关于气候变化日益严峻的最新报告。事实上，该报告借鉴了诺德豪斯的大部分研究，并警告称，为了避免环境灾难，我们必须在2030年之前将全球温度升幅控制在1.5摄氏度以下。

对于这个警告，很多美国人选择充耳不闻。面对气候变化，美国退出了《巴黎气候协定》，一些政策制定者甚至拒绝将气候科学纳入他们的决策。例如，北卡罗来纳州的立法者在2012年投票禁止任何州立机构制定有关海平面变化的政策，尽管有研究表明，到2100年海平面可能上升约1米。在佛罗里达州，环境保护部门的官员在2015年被命令不得在任何官方通信、电子邮件或报告中使用"气候变化"或"全球变暖"等字眼。美国联邦紧急事务管理署（FEMA）也一直在为洪灾后的重建工作提供资金，尽管越来越多的人警告说洪灾将持续下去。

但诺德豪斯的工作并不在于公众和决策者是否"相信"气候变化，而在于市场是否能够在政府的引导下，解决人类在21世纪面临的最严重问题。他的研究带来了希望——商业领袖（实际上是所有公民）有能力阻止这场全球灾难。

气候变化经济学

诺德豪斯最重要的贡献之一，在于他能够解读并解释与气候变化相关的复杂问题。例如，在他的《气候赌场》（*Climate Casino*）一书中，诺德豪斯阐述了很多与气候变化相互关联的主题，从科学和能源到经济和政治，同时明确指出了避免灾难发生的必要步骤。或者如《纽约时报》所说："（本书）从一位杰出的经济学家的角度提出了全球变暖的一站式解决方案。"尽管他的文章通俗易懂，但他表明，他仍在努力应对自己的预测和其他预测的不确定性，从而让人们看到，人类排放温室气体所产生的后果有多么复杂。

经济和气候模型

诺德豪斯研究的一个关键前提是，环境作为一种公共产品，为所有人所共享，却没有合适的支付方式。换句话说，大家都从中受益，却不一定为此付费。事实上，1997年，发表在《自然》（Nature）杂志的一项研究计算出，当年世界经济生产总值为180000亿美元，而人类每年从环境中获得的免费服务的价值在160000亿~540000亿美元之间，平均数字约为330000亿美元。我们都在承受环境恶化带来的损失，尽管损失金额并没有在标准的市场交易中反映出来。

诺德豪斯认为，征收碳税，比如每吨定价25美元，或者允许企业进行碳排放交易，是为公共产品定价的最佳和最经济有效的方式，从而有助于解决环境问题。诺德豪斯通过建立经济模型来证明这一点，这些模型通过模拟税收和其他投入对经济和气候的影响，描述了它们是如何相互作用的，即所谓的"综合评估"模型（IAM）。一个值得关注的例子是他的气候–经济动态综合评估模型（DICE），该模型利用经济学、生态学和地球科学的知识，搭建了一个统一的框架。该模型使人们能够更深入地了解到，某些政策变化在长期内是如何影响经济和环境的。

基于这样的研究方法和思路，他逐渐认识到：以市场为主，加上政府的一些引导性方案（比如征收碳税），将是解决这个问题的最佳方案。因此，他能够非常清楚地证明，减少温室气体排放的最具成本效益的方法是通过征收碳税来提高化石燃料的价格。这相当于某种反向激励措施，促使消费者和企业减少使用这些化石燃料，并寻找替代品。诺德豪斯还估算，如果不采取此类政策，到 2100 年，气候变化造成的经济损失将达到 225000 亿美元（现值）。他发现，损失最大的将是穷人和生活在热带地区的人。当然，他的研究得出的结论是：无论是从经济还是道德的角度来看，采取行动来应对气候变化都是必要的。他的研究同时表明，资本主义有能力应对气候变化的挑战。

市场与看不见的手

在世界顶尖科学家就即将到来的气候变化危机发出严重警告之际，诺德豪斯的深思熟虑、有条不紊的研究提醒我们，人类的独创性和智慧有望引导政策和市场找到协调一致的解决方案。

商科教育不仅要全面覆盖政府在市场中的协调作用，还要专注于寻求政企协作的平衡和效率。约瑟夫·斯蒂格利茨写道："要对症下药，关键在于能否认识到政府在引导市场服务社会方面所发挥的重要作用……市场不是存在于真空中的，市场必须由规则和条例构成，而这些规则和条例必须得到执行。"这些规则和条例的制定，向来都会受到企业和企业家的影响，未来也将如此。因此，我们必须教育未来的商界领袖，要把企业和企业家对政府的影响，特别是游说活动，看作一种服务，旨在为所有人创造一个公平、公正和可持续的经济环境，而不仅仅是为了少数富人。

第三部分

沟通变革

第八章
在充满政治色彩的环境中交流

我发现,组织变革管理在商学院学生中是最不受欢迎的课程之一,却是高管在职教育中最受欢迎的课程之一。很多学生认为他们只需要提出正确的想法,他们就完成了自己的工作。但高管们知道,最困难的部分是如何说服人们做正确的事,然后促使他们采取行动。在处理环境问题和社会问题时,这项任务变得更加困难。

自1997年以来,普华永道会计师事务所一直在做"全球首席执行官年度调查",旨在探索他们对未来一年的业务和全球商业环境的期望、优先事项和关注点。在对企业发展前景的威胁方面,气候变化的权重从2018年的第九位降至2019年的第十三位。取而代之的是对监管过度(第一位)、政策不确定性(第二位)、关键技能的可用性(第三位)、贸易冲突(第四位)和网络威胁(第五位)的担忧。只有38%的首席执行官认为,有关气候变化影响企业发展的数据对于决策"至关重要"或"重要",仅有17%的首席执行官认为现有数据是全面的。这份2019年的报告总结称:"在去年的榜单上,恐怖主义和气候变化等生死攸关的大威胁并没有让首席执行官们十分担心。"巴菲特表达了他对此毫不担忧的态度,他说:"我不觉得伯克希尔-哈撒韦公司或者大多数公司进行投资决策时,会考虑气候变化因素。我能想到的公司几乎都一样。"

既然气候变化给企业及其管理者带来了巨大的财务威胁(如第四章所述,主要通过保险公司传递风险成本),为什么企业管理者们会如此公开地对气候变化漠不关心?首先,很多首席执行官和董事会成员都不是很懂科学,一个经常被忽略的原因是科学家在与公众沟通方面做得不够好。他们要么是置身于公众和政治辩论之外,宁愿待在自己狭窄的科研圈子里;要么是难得走出了象牙塔,其论调和姿态却跟非专业出身的公众不在一个频道上。当商界领袖试图向公众表达自己的担忧时,情况同样如此。

在沟通中重视人性和情感

事实上,科学家和商界领袖在面对公众演讲时,往往会采用所谓的"知识赤字模式",他们认为听众的大脑就像一个没有装满的容器,只要他们把知识注入听众的大脑,大家就会像他们一样思考,进而做出正确的决定。这显然是一厢情愿,但其中却潜藏着一些值得反思的逻辑。在我看来,太多人在谈论公共事务时,总是带着优越感,以数据为中心展开论述,却忽视了公共传

第八章 在充满政治色彩的环境中交流

播中人的因素和情感因素。当煤矿工人或保守电台节目主持人说气候科学是一场骗局,它会摧毁就业机会,而科学家却在谈浓聚物[1]、辐射强迫[2]和长期预测时,就会出现这种情况。当非营利组织声称公司行为将摧毁社区,而高管们却在为财务预测、投资回报和经济分析争论不休的时候,也会出现这种情况。

相反,当科学家和企业高管面对公众演讲时,最好这样提问:"你们担心什么?我能帮上忙吗?"只有采取正确的方式,公众才愿意倾听。这同时意味着,既然想让公众参与进来,就不应该采用单向传播的方式。要想真正达到沟通效果,一个人既需要说也需要听,既要宣讲自己的主题,也要在倾听大众心声时保持谦逊和耐心,这才是双赢的做法。那些善于从人性角度阐述问题的演讲者很容易博得人心,因为他们可以从不同的层面解读问题,挖掘受众的关注点,并且用受众能够理解的方式进行沟通。

长期以来,我一直在思考该如何将两个不知道如何有效沟通、相互理解的世界连接起来。例如,图8-1所示的数据描述了美国的公众和科学家在各种科学问题上认知的巨大差距,这让我看到了一种沟通的无力。

---

[1] 土壤溶液或悬浮液中的细粒物质经移动沉积后聚集成的物质。——译者注
[2] 指由于气候系统内部变化,如二氧化碳浓度或太阳辐射的变化等外部强迫引起的对流层顶垂直方向上的净辐射变化。——译者注

使命管理

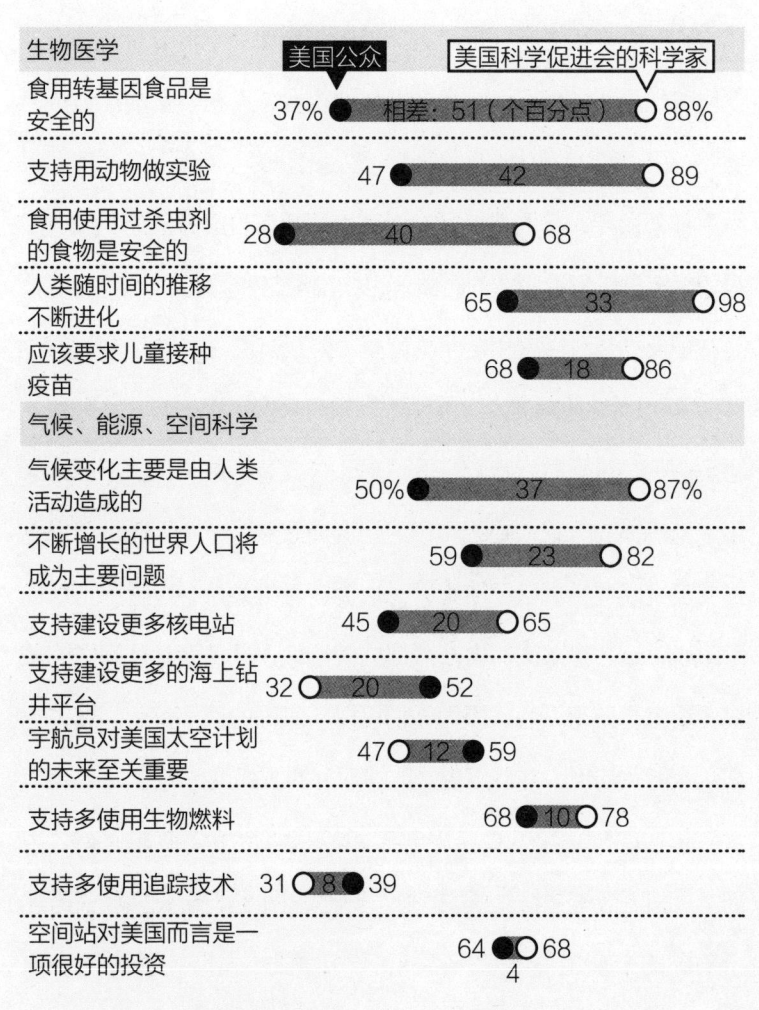

生物医学	美国公众	美国科学促进会的科学家
食用转基因食品是安全的	37%	相差：51（个百分点） 88%
支持用动物做实验	47	42　89
食用使用过杀虫剂的食物是安全的	28	40　68
人类随时间的推移不断进化	65	33　98
应该要求儿童接种疫苗	68	18　86

气候、能源、空间科学		
气候变化主要是由人类活动造成的	50%	37　87%
不断增长的世界人口将成为主要问题	59	23　82
支持建设更多核电站	45	20　65
支持建设更多的海上钻井平台	32	20　52
宇航员对美国太空计划的未来至关重要	47	12　59
支持多使用生物燃料	68	10　78
支持多使用追踪技术	31	8　39
空间站对美国而言是一项很好的投资	64	4　68

注：对美国公众的调查在 2014 年 8 月 15 日至 8 月 25 日期间进行。对美国科学促进会的科学家的调查在 2014 年 9 月 11 日至 10 月 13 日期间进行。回答"我不知道"或不置可否的未纳入统计。

图 8-1　美国公众和科学家之间的意见分歧

资料来源：C. Funk, L. Rainie, and D. Page, *Public and scientists' views on science and society* (Washington, DC: Pew Research Center, 2015).

但在某些情况下，沟通的失败还有其他因素。有时，造成沟通失败的原因不是缺乏理解，而是公开的抵触。公众对科学界的结论充耳不闻，不是因为他们不了解科学或科学界，只是因为他们不喜欢科学家对待他们的方式。这是语气和尊重的问题。有些科学界人士瞧不起公众（也许是因为他们自己不被公众接受）。还有人认同科学主义[①]的观点，独尊自然科学，"认为自然科学特有的归纳方法是获取客观知识的唯一来源，并且强调只有自然科学才能产出关于人和社会的真正知识。"持这种观点的人往往轻视艺术、人文、宗教和社会科学等其他探索自然世界的途径，而且他们在表达这种轻视态度时可能相当咄咄逼人。美国科学促进会指出："在科学主义语境中，你会经常听到'无非是''仅仅''简单说'或'仅此而已'这样的字眼。科学主义限制了人类的探究。"美国科学促进会经常提到的一个例子是19世纪社会理论家亨利·德·圣西蒙（Henri de Saint-Simon）的一句名言："我亲爱的朋友们，科学家就是有预见能力的人，这是因为科学提供了有效的预测手段，从而科学家比所有其他人都优越。"

[①] 科学主义是一种把自然科学技术作为整个哲学的基础，并相信它能解决一切问题的哲学观点。科学主义是一个颇有争议的概念。——译者注

但这种傲慢和对人类探究的限制，只能部分解释为什么一些公众仍然不接受科学家和商界人士的结论，特别是在气候变化问题上。必须指出的是，在公共辩论中，错误的沟通得到了巨额资助。德雷塞尔大学社会学和环境科学教授罗伯特·布鲁尔（Robert Brulle）研究了由91家企业、智库和倡导团体组成的"气候变化对抗运动"（CCCM）是如何做到每年总收入略高于9亿美元的，该组织在2003年至2010年间从保守派基金会获得70多亿美元，以挑战气候科学。这一运动的目标主要是捍卫自由并保护市场免受过度控制的威胁。"捐赠信托"（Donors Trust）是一个自由主义的非营利组织，也是"气候变化对抗运动"的最大的资助者之一。该组织的首席执行官惠特尼·鲍尔（Whitney Ball）说："我们存在的目的是帮助捐助者促进自由，我们理解的自由包括有限的政府、个体的责任和自由的企业。"一些保守团体认为，气候政策是政府干预市场和削弱公民自由的一种隐蔽手段。用一位气候变化怀疑论者的话来说，气候变化信徒"反人类，他们厌恶西方经济"。另一位则更夸张地说："谁控制了碳，谁就控制了生命。"并且告诉听众，如果气候论者们成功的话，最终可能每个美国人都会领到一张碳配给卡。

这些团体并没有参与关于二氧化碳和温室气体模型的科学辩论。他们在保护一些根深蒂固的价值观，他们认为这些价值观正受到攻击。虽然这个数字在不断下降（否认气候变化正在发生的美国人的比例从 2010 年的 41% 下降到 2017 年的 29%），但他们对自认为的"骗局"，仍然有着深深的抗拒。

避免充满文化成见和政治成见的措辞

当我说"气候变化"时，你听到了什么？有些人听到了科学共识和碳定价的必要性；另一些则更多地听到了政府和极端环保主义者对自由或自由市场的限制，甚至是对他们信仰的挑战。这些才是他们真正关心的问题，而这些问题可能都是由某种措辞引起的。气候变化科学代表了"人类自我身份反思"以及"我们如何与大自然互动"等认知的革命性转变。可以预见，这种文化信仰的剧变，将遭到那些由于意识形态、政治或经济原因而执着于现状的人们的强烈抵制。

要理解人们对气候变化的认知过程，我们必须理解，人们对这个问题以及其他复杂问题的看法是基于他们先前的意识形态偏好、个人经验和价值观的，而所有这些都会受到他们的参照群体和个人心理的严重影响。面对气候争论，科学家可能会从技术角度设定参数，商界人士可能会提出具体解决方案，但在设法让社会接受或者理解他们方面，科学家和商界人士都要付出更多艰辛的努力，如果他们能促使人们理解并愿意参与评估气候变化，那么这一成就将远远超出其技术成就。认知框架不同，人们对同一事物的认知就不同。例如，当人们听到别人谈论气候变化时，他们可能会认为这是一种含蓄的批评，似乎是在指责他们的生活方式是问题的根源，或者暗示他们缺乏意识到气候问题的道德素养。

想让人们参与到气候变化辩论中来并达成有效共识，关键是要抓住这个问题中引发分歧的关键点，然后找出隐藏在分歧背后的更深层的意识形态和价值观。因此，如果科学家和企业高管（包括现在和未来的）希望领导他们的组织来应对21世纪的挑战，他们就需要提高对科学的理解能力和传播能力。如果商学院在增加科学课程的同时，并未相应增加与沟通技巧相关的课程，针对未来商业领袖的教育就会留下一个巨大的缺口。成功和有效的管理需要能清楚地传达一个想法，并动员人们践行这个想法。商业教育过分强调制定"正确"的战略，而在商业实践中，这是远远不够的，我们需要更多关注的是如何实施这一战略。

第九章
世界观和社会运动

在 2016 年美国总统大选中，共和党与民主党在气候变化这一问题上出现了严重分歧，85% 的共和党人质疑这一问题的科学性，79% 的民主党人接受这一问题。相关研究调查了导致这一分歧的几个因素。例如，研究表明，持有较强的等级观念的人和个人主义者更加倾向质疑气候变化论，因为这种论调意味着必须加强对工商业的控制，而很多人，尤其是保守派，并不希望看到这样的未来。平等主义者和社群主义者倾向于接受气候变化的概念，因为气候问题的解决方案符合他们对工商业的不信任态度，他们认为工商业对社会有危害，需要监管和控制，很多人，尤其是自由派，支持这样的未来。同样，研究表明，支持自由市场和拒绝气候科学之间有很强的相关性。还有一些研究将否认气候变化与对环保主义者的不信任以及认为气候变化是一个"左倾"的自由主义问题联系起来。这场辩论涉及很多意识形态层面的问题。但越来越多的评论都清楚地表明，否认气候变化的保守立场正变得站不住脚。

对于未来的商业领袖来说，这是很宝贵的知识，有助于他们更深入地理解"为什么人们会拒绝一个得到全世界近200家科学机构认可的结论"（包括八国集团中每个国家的科学机构）。同样重要的是，他们可以理解社会运动是如何被动员的，这些社会运动是如何演变的，以及企业在社会运动中扮演什么角色。这有助于未来的商业领袖预测气候变化等问题导致的市场变化，并影响他们未来的职业发展。

在21世纪前10年中，美国在气候变化问题上出现了党派分歧，这种分歧在21世纪20年代开始消退。在美国、澳大利亚、英国、西班牙和新西兰等国的九大保守党中，只有美国共和党不承认气候变化是一个问题。随着中国和印度等国推出自己的气候计划，以便开发新能源，抵制气候政策的社会运动开始瓦解。随着风能和太阳能等可再生能源与化石燃料的经济效益及成本的差距逐渐缩小，这种瓦解仍在继续。

当对这个问题表示担忧的人群扩大到那些共和党人不信任的选民（环保主义者、民主党人和科学家），以及他们信任的选民（企业高管）时，瓦解进一步加剧了。围绕这个问题的社会运动和政治活动正在迅速发生变化，无论是对于那些采取被动立场并密切关注可能导致监管方式或市场转变的政治变化的企业领袖，还是对于愿意主动领导这些转变、并为解决这一严重的经济威胁而采取实际行动的企业领导者，都是不可忽视的。

第九章　世界观和社会运动

围绕气候变化的社会运动

在很多领域，我们可以看到人们关于气候变化的态度是如何转变的。

首先，面对穆迪分析公司（Moody's Analytics）的预测，主流商业集团正在公开表明应对气候变化的必要性。穆迪分析公司估计，到2100年，气候变化会给美国带来540000亿至690000亿美元的经济损失。同样，时任英国央行行长的马克·卡尼（Mark Carney）也警告称，如果我们现在不采取行动，全球变暖将成为威胁未来经济稳定的最大风险之一，因为"各种日益严重的灾害将破坏基础设施和私人财产，对人类健康产生负面影响，降低生产力并摧毁财富"。以前，商界领袖对于卷入此类容易引发激烈冲突的政治辩论往往三缄其口，但如今，持续的不作为已经威胁到了他们未来的收益，他们很难继续保持沉默。嘉吉（Cargill）公司的执行董事格雷格·佩奇（Greg Page）警告称，气候变化是实实在在的，必须加以应对，以防止未来出现粮食短缺，而这可能"影响我们（到2050年）能否养活90亿人口"。通用磨坊（General Mills）公司的首席执行官肯·鲍威尔（Ken Powell）对美联社说："我们认为，人类排放的温室气体导致了气候的变化，这将加重农业供应链的压力，而农业供应链对我们至关重要。"这些不是孤立的声音。这些反馈代表着企业内部日益增加的忧虑——虽然企业自身存在问题，而政府的不作为只会让问题变得更糟。

其次，共和党内部并非铁板一块。2015年，15名共和党人和35名民主党人一起投票通过了一项修正案，确认人类是全球变暖的罪魁祸首。同年，11名众议院共和党人签署了一项决议，承认人类活动对气候变化产生的影响，并批准了应对气候变化的措施。纽约州前州长乔治·帕塔基（George Pataki）和参议员林赛·格雷厄姆（Lindsey Graham）加入了党内支持者的行列，他们正在试图说服自己的党派同意科学家的观点，特朗普的主要支持者也是如此，比如众议员马特·盖兹（Matt Gaetz）表示"我们要么相信那些气候问题否认者，要么相信自己的眼睛"。目前有一些新的提案出现，旨在创建一个"曼哈顿项目"，为清洁能源提供资金，以鼓励发展核能、水电和"碳捕获"技术。美国众议院能源和商业委员会的资深成员格雷格·沃尔登（Greg Walden）呼吁增加对核能的资金投入，"这种能源安全可靠，不排放污染物，而且专家们一致认为，它必须成为我们减少碳排放战略的一部分"。丹·克伦肖（Dan Crenshaw）呼吁为碳捕获与封存技术提供资金，他说，这种技术可以"清洁环境，促进创新"。

第九章 世界观和社会运动

为了保持这一势头，共和党商人杰伊·费森（Jay Faison）花费1000万美元游说持怀疑态度的共和党人接受气候变化问题。前国会议员鲍勃·英格利斯（Bob Inglis）把让共和党看到科学事实作为自己的使命（并在此过程中获得了约翰·肯尼迪图书馆基金会颁发的2015年度"肯尼迪勇气奖"）。由伊莱·莱勒（Eli Lehrer）创立的保守派智库正积极寻找保守的方法来解决这一问题。保守派商业游说团体美国立法交易所理事会（ALEC）已开始改变立场。虽然荷兰皇家壳牌集团（Royal Dutch）、谷歌公司和其他一些公司因立场相左而退出了该组织，但美国立法交易所理事会不仅坚持自己的气候立场，而且声称要起诉那些持不同意见的人。就连历来游说反对限排法规的美国商会，也在2019年发布了一份新闻稿，宣传其能源部门用"开创性解决方案"来遏制气候变化。

第三，共和党选民似乎也在发生转变。彭博社、皮尤研究中心、耶鲁大学所做的民意调查显示，共和党选民正变得越来越相信气候变化。到2015年，大多数共和党人（包括54%自称为保守派的共和党人），已经开始相信世界气候正在发生变化，人类在这个变化中扮演着某种角色。这与2009年相比发生了显著变化，2009年只有35%的共和党人相信气候变化是真实存在的。

耶鲁大学气候变化传播项目的调查显示，2015年至2018年，相信气候变化的美国人的比例增加了14个百分点。更重要的是，这包括在2017年和2018年之间，认为全球变暖正在发生的共和党人的比例（68%）也上升了14个百分点，其中55%的共和党人认为这主要是由人类造成的。当被问到为什么要改变立场时，首先，他们提到了我们最近目睹到的极端天气事件（比如佛罗里达州和得克萨斯州的飓风，以及罕见的暴雨、干旱、洪水等局部异常情况）。其次，由于团体和个人的相关论点越来越有说服力，他们相信其真实性。这些调查是在2018年7月28日加利福尼亚州遭遇山火之前进行的。那次火灾造成100多人丧生，经济损失高达4000亿美元。

所有这些变化都表明，潮流正在发生转变，气候政策转变及相应的市场转变发生的概率越来越大。通过分析围绕这一问题的社会运动，企业领导人可以看到这种势头正在形成。尽管越来越多的人正在改变自己的观点，接受科学界的主流结论，但仍有一些怀疑者仍固执己见。可以预见的是，随着他们人数的减少，不同的声音会显得越来越尖锐。

那么，商界领袖面临的问题就变成了：针对气候政策的根深蒂固的惰性何时会被打破？特朗普否认这一问题，无视化石燃料游说团体的影响力，导致国会和共和党人只能三缄其口。但很多共和党政治家、国会议员、游说人士相信科学，认为有必要在保证安全的情况下采取行动。他们只是在等待合适的政治掩护来公开发表他们的观点。尼斯卡宁中心（Niskanen Center）主席杰里·泰勒（Jerry Taylor）与共和党政界人士有过多次接触，他说："我跟他们中的很多人都有过私下交谈。众议院有40至50名议员，参议院有10至12名。他们不再否认气候变化。但他们不确定共和党的反应会是什么样，也不确定政治窗口什么时候会打开。"如果选民承认科学，他们真的能消除愤怒吗？这一天可能已经过去了，因为一些人已经开始猜测，否认气候变化的运动逐渐式微，陷入混乱。事实上，很多共和党选民现在可能愿意奖励那些表达科学信仰的候选人，并且要避免出现美国前驻华大使乔恩·亨茨曼（Jon Huntsman）在2011年警告过的情况：共和党正变成一个"反科学政党"。

商界领袖必须关注这场辩论，如果可能的话，还要施加必要的影响力。无论是从道德方面还是从经济方面而言，应对气候变化对社会的重要性都不容小觑。虽然在道德方面，商界领袖要尽的只是个人义务，但在经济方面，他们可以充分利用自己的权力和专业优势。事实上，在2019年12月，75名公司的首席执行官（其所在的公司的员工总数超过200万）与代表1250万名工人的工会领导人一起签署了一封公开信，敦促美国遵守其对《巴黎气候协定》的承诺。商业领袖有能力改变气候变化等问题的发展动向，将它们从严格意义上的环境问题转变为影响市场各个领域的经济问题，这些问题如果放任不管，未来可能会产生可怕的后果。当问题被纳入这些条款时，企业别无选择，只能参与公开辩论，以影响各自市场的未来走向。在未来的职业生涯中，商科专业的学生必须学会越发频繁地扮演这一角色。

第十章
激进派和气候变化辩论

"我们需要以新的眼光看待化石燃料行业。它已经成为一个流氓行业,横行地球,肆无忌惮。它是地球文明的头号公敌。"

2012年,环保活动家比尔·麦吉本(Bill McKibben)在《滚石》(Rolling Stone)杂志上发表了上述言论,对化石燃料行业及其对气候变化的影响进行了彻底的道德抨击。在一次协同行动中,麦吉本创立的国际环境组织350.org发起了口号为"远离化石燃料,放弃化石燃料"的运动,该运动宣称其目标为"吊销化石燃料行业的'社会许可证'"。在维权大学生的帮助下,该运动试图通过迫使大学剥离其在化石燃料公司的股权来压低化石燃料公司的股价,以此羞辱这些公司,限制这些公司未来的现金流。

在一些人看来,这些努力似乎是失败的,至少从所提出的方法来看是失败的。大型化石燃料公司的股票几乎没有因此而受到什么影响。但在对新闻文章进行网络文本分析时,我和天普大学的托德·希弗林(Todd Schifeling)都发现,从另一个角度来看，这次运动是成功的。麦吉本和国际环境组织 350.org 在社会科学领域展示了一种被称为"激进侧翼效应"（radical flank effect）的现象，他们通过扩大辩论范围、重新定位讨论的核心议题、注入新的思想和概念来聚焦问题的实质，从而极大地改变了美国的关于气候变化的辩论。他们发起的运动为企业领导者提供了重要的参考，帮助他们理解政治、社会和市场变化的泛生态逻辑，以及他们如何在其发展中发挥作用。

民权运动的起源

激进侧翼效应是社会学家赫伯特·海恩斯（Herbert Haynes）于 1984 年首次提出的，他当时正在研究美国黑人民权运动。他看到的是，当马丁·路德·金第一次公开宣扬种族平等时，人们认为这对于大多数美国白人来说过于激进。但马尔科姆·艾克斯（Malcolm X）加入了辩论，并通过反对美国白人及其基督教价值观，宣扬黑人至上主义，扩大了激进阵营。相比之下，艾克斯的观点让马丁·路德·金倡导的非暴力行动显得温和了一些。

激进派对同一阵营中较温和成员的影响可以是积极的，也可以是消极的。消极的激进侧翼效应会引起对立集团的强烈反对。在这种情况下，参与某个社会运动的所有成员，无论是温和派还是激进派，全都会受到批判。积极的激进侧翼效应是在参与某个社会运动的成员相互对比时产生的。一些成员的极端行为可以改变辩论的范围，从而改变其中心议题，使其他成员的观点显得似乎更容易接受或更合理。

20世纪70年代，美国环保署第二任署长拉塞尔·特莱恩（Russell Train）就曾阐述过这种积极的激进侧翼效应，当时他嘲讽地说："感谢上帝保佑戴维·布劳尔（David Brower）。他让我们其他人显得通情达理。"塞拉俱乐部（Sierra Club）的第一任执行董事戴维·布劳尔是一位颇有争议的人物，他通过采取强硬立场（包括在《纽约时报》的封底刊登一则引发争议的整版广告，号召集体反对在大峡谷修建水坝），以及成立越来越激进的团体，推动环保运动激进化。布劳尔曾经说过："塞拉俱乐部让大自然保护协会（Nature Conservancy）看起来很合理。我创立了地球之友（Friends of the Earth），目的是让塞拉俱乐部看起来合情合理。然后我成立了地球岛研究所（Earth Island Institute），使地球之友看起来合理。地球优先（Earth First!）让地球岛研究所看起来很合理。我们仍在等待其他人的到来，使地球优先看起来很合理。"

激进侧翼效应与撤资运动

正是在 2012 年，麦吉本和国际环境组织 350.org 采取激进措施，动员学生们向他们的学院和大学施压，要求大学从化石燃料企业中撤资。这一立场比气候变化辩论中的积极派之前采取的立场要极端得多。也就是说，其他人主张在全行业范围内控制碳排放，但没有妖魔化任何特定行业。以麦吉本为代表的激进派则将化石燃料行业描绘为公敌，并呼吁将其消灭。

但我们发现，他们的努力虽然在经济层面影响甚微，但影响了气候变化辩论的形势。通过使用文本分析软件，我们筛选了 2011 年至 2015 年间有关气候变化的 4.2 万篇新闻文章，并绘制了激进左翼势力的影响图，我们发现撤资运动迅速成为全球媒体的热点话题。在这个过程中，它打破了原本两极化的辩论，重新定义了冲突，围绕可接受的行为重新划定了道德界限。

有证据表明，这一转变使碳税和碳预算等此前被边缘化的政策构想获得了更大的吸引力和更广泛的应用。这也有助于将麦吉本的激进立场转化为新的问题，比如"搁浅资产"（stranded assets）和"不可燃烧的碳"（unburnable carbon），其核心思想是现有化石燃料资源应该留在地下。虽然转变后的概念仍然偏激进，但它们采用了财务分析语言，并开始出现在《经济学人》《财富》和《彭博商业周刊》等商业期刊上，这使它们更容易被商界所接受。因此，撤资的战斗口号变成了审慎关注金融风险的呼吁。通过在这些商业期刊上发表这些概念，信息的传递者从基层积极分子转向投资者、保险公司，甚至是英格兰银行行长。

最终，截至2018年，全球约有150所大学承诺从化石燃料企业撤资，其中50所位于美国；600多所美国学校签署了《美国学院和大学校长的气候承诺》(American College and University President's Climate Commitment)；哈佛大学2017年的一项调查发现，67%的教师赞成撤资，9%的教师对此表示反对，24%的教师持中立态度。350.org报告称，全球承诺从化石燃料企业撤出的资产从2014年的520亿美元猛增至2019年的110000亿美元以上。

这些变化不仅仅体现在投资方面，它们代表并标志着有关气候变化的公众辩论的变化和公众意识的转变。2019年，麦吉本等人让原本在2011年被视为不合理的行为变得司空见惯。他们采取了激进侧翼战术，让人们更加关注这场辩论的金融和商业方面，包括不当投资对气候危机的影响。虽然这次撤资行动的目标（即让化石燃料行业破产）基本上无法实现，但其策略

使命管理

拓宽了公众讨论的范围,提高了渐进式改革的可能性。商学院的学生和商界领袖应该意识到这些变化,理解其背后的驱动逻辑,并制定主动采纳或被动回应的策略。

第十一章
气候变化辩论中的新人口统计学

环境运动面临的持久挑战之一是它的不确定性，它缺乏明确的支持群体。在解决劳资关系问题时，我们有工人和工会官员。在解决公民权利或性别平等问题时，我们设立了代表弱势群体和女性工人的国家组织。然而，就环境而言，并不存在特定的利益群体。良好的生态环境往往是一种公共产品，由全体人类共享共用，甚至包括那些抵制环境改革的人。就很多环境问题而言，那些用实际行动来保护环境的人，并不能指望获得任何个人物质利益。事实上，那些反对环境改革的群体更容易识别，因为他们的物质利益或政治利益受到了威胁。

例如，反对气候政策者都来自某些特定群体：行业协会、自由主义智库和共和党政治家，如果相关科学结论被接受并促使人们采取行动，他们将失去相应的经济权力或政治权力。他们被称为"气候变化的反对者"，试图引发公众对气候变化的质疑，并挑战科学机构的合法性及科学结论的权威性。

但最近出现了一个新的运动群体——年轻人，其利益诉求与气候行动一致。"日出运动"（Sunrise Movement）等美国环保组织创造了一股新势力，正在改变辩论的格局。现在我们有了一个具体的受害方——年轻人，以及具体的受到威胁的利益——他们的未来。他们的发言人格蕾塔·通贝里很有影响力，也很有魅力。她吸引了人们对他们所忧虑的问题的关注，还被《时代》杂志选为2019年"年度人物"。这些因素的结合为动员人们采取行动创造了强大的力量。

事实上，耶鲁大学的一项研究发现，当代大学生（18至22岁）在成长过程中比他们的父母辈和祖父母辈更容易受到全球变暖的影响。因此，年轻人尤其关注全球变暖，或许并不令人意外。报告还发现："2000年以后达到成年年龄的共和党人更倾向于赞同大多数科学家支持的观点，即当下的全球变暖是由人类活动导致的，这些年轻的共和党人比年长的共和党人更有可能担心全球变暖。"2019年的一项调查发现，18岁至34岁的年轻共和党选民中，担心这一问题的人数比前一年增加了18个百分点，达到67%。

这场运动也为那些摇摆不定的人建立了一个共情的支点。这些年轻人有自己的父母、叔叔、阿姨和祖父母，他们都对年轻人的困境感同身受，并呼吁采取行动。而且研究显示，青少年在鼓励成年人更加关注气候方面的确发挥了作用。毕竟，父母确实关心孩子的想法。

第十一章　气候变化辩论中的新人口统计学

也有一些政治家利用这一群体来提高自身的声望。2019年民主党辩论中，华盛顿州州长杰伊·英斯利（Jay Inslee）为提高公众对气候变化的关注度做出了很大贡献，而青年运动在其中发挥了巨大作用。在2019年7月的民主党辩论期间，数千名年轻的环境活动人士聚集在底特律的福克斯剧院外，呼吁民主党接受遏制气候变化的长远计划，并竭力呼吁在2019年9月召开关于气候危机的市政厅会议。这与2016年的总统辩论有着明显的不同，当时的辩论基本上忽略了气候变化问题。

况且，这些年轻人长大后也会进入企业工作。企业意识到了这一点，并采取了行动。在2019年9月的气候罢工中，亚马逊公司位于西雅图的总部有近1500名员工离职，脸书公司和谷歌公司也有大批员工因此而离职。此外，英国劳工联合会（TUC）和其他很多组织也加入了罢工。

总之，这些年轻人正在为愈发激烈的关于气候变化的公众辩论发声。耶鲁大学的调查显示，在2013年至2018年间，对气候变化感到震惊或担忧的受访者比例从45%上升至59%，持怀疑或轻蔑态度的受访者比例从27%下降至18%。往年的调查显示，25%的受访者会与家人或朋友讨论气候变化问题，而2018年耶鲁大学经过调查后发现，这一比例上升到了33%。

越来越多的证据表明，商科学生和商界领袖应该对公开辩论中科学和政治层面的问题更加了如指掌。这些公众辩论早晚会（可能会比想象的时间来得更早一些）推动市场发生变化，企业必须对此做出回应，而且在很多情况下，企业也不得不做出回应。重要的是，这些年轻人是未来的商业领袖、选民、消费者和投资者，对他们的教育，必须能够真实地反映社会发展趋势。作为深思熟虑和积极参与的企业领导人，他们将有机会为解决这一日益清晰且紧迫的社会问题做出贡献。现在是做出回应的时候了。

第四部分

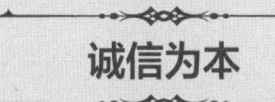

诚信为本

第十二章
在高碳生活中构建低碳世界

有时候，几乎每一个支持气候变化行动的企业高管都会被贴上"伪君子"的标签。这似乎适用于所有政治派别。2019年8月，谷歌公司主办了一场应对全球气温上升的会议，福克斯新闻网登载了一篇题为《谷歌气候变化峰会，明星们乘坐私人飞机和大型游艇参会被批虚伪》的文章。几个月前，思想进步网（ThinkProgress）发表了一篇文章，题为《摩根大通集团及其首席执行官杰米·戴蒙在气候变化问题上的惊人伪善》。

在这两个案例中，批评都有一定的道理。这次谷歌气候变化峰会耗资约2000万美元，参与峰会的明星和企业高管共乘坐了114架私人飞机前往会议现场——对于一个旨在减少人类碳足迹的峰会来说，这样的形象可不好看。虽然摩根大通集团的戴蒙谈到了解决气候变化问题的紧迫性，但自2015年《巴黎气候协定》签署以来，他所在的银行已经为化石燃料企业提供了近2000亿美元的融资。

但另一种情况是，那些公开谈论当代重大生存问题的人往往被指责为"伪君子"。"既然我们都在以某种方式使用化石燃料，而化石燃料的替代品从目前来看仍然很少，伪善的指责几乎适用于我们所有人。"艾米·哈德（Amy Harder）在爱可信（Axios）上指出。

现在可以肯定的是，那些关心气候变化的人在他们的言论被认真对待之前不需要过苦行僧式的生活。但是，如果气候变化如此严重，我们打算在自己的职业生涯中解决这个问题，那我们为什么不尝试改变我们的个人生活呢？下一步，当我们开始将个体身份和职业身份融合起来，以解决在一定程度上由我们自己造成的问题时，我们需要在不批判他人、不批判自己的情况下进行，并清楚地认识到，仅靠个人努力，无法创造解决这一全球问题所需的技术、文化和行为方式等方面的各种变革。这个过程并不简单，但商学院应该教授下一代企业领导者如何处理这些复杂的问题。

不要批判他人

我们每个人都有自己的抱负和癖好、优点和缺点、机会和局限性。我们都会为自己做出的决定找到依据。我们可能会告诉自己，我们的个人行动并不重要，要靠政府来解决气候变化问题。或者，我们也可以告诉自己，我们需要坐飞机，吃肉，或者打开空调,我们没有伤害任何人,其他人都这样做,而其他人的行为要糟糕得多。我们总能找到理由为自己开脱。没有人能够幸免,尤其是当我们不知道如何轻松地过上"零碳生活"的时候。

有人用"上瘾"这个词来形容我们的高碳生活方式,认为我们对石油、旅游或消费上瘾,无法停止。但人们认为,这种类比本质上是一种批判,会让人产生自以为是或抵触的心理。这种类比将人们分成了"我们和他们",有些人因为过着低碳生活而自视为"健康",另一些人则因为"上瘾"而饱受批评。我已经听说人们不得不为他们选择开空调、开汽车或吃肉的行为而辩护。而这并不能改变我们的社会。我们都身处其中,没有人真正知道完全无碳的生活是什么样子。从某种意义上说,我们都是同一种"瘾君子",没有任何一个人可以作为健康标尺来衡量我们是否正常。事实上,我发现一些在环境问题上最自以为是的人,往往会根据自己的生活环境(通常是西方的生活方式)来评判他人的生活方式。他们通过开电动汽车、购买可再生能源积分、少坐飞机和少吃肉(或不吃肉)来彰显自己的美德。来自印度(每人每年排放 1.1 吨二氧化碳)或肯尼亚(0.3 吨)的人,会认同西方的生活方式是可持续的吗?每个美国人平均每年要排放近 20 吨二氧化碳。生活方式的评判标准在哪里？

我们需要的不是在气候变化等环境问题上鄙视他人，而是需要有远见的人站出来，为人们树立榜样，同时也要理解那些尚在迟疑中的人。这个角色落在了我们所有人的肩上，特别是那些从商学院毕业的人，因为他们将拥有一定程度的权力来改变其他人难以改变的政治、经济和文化体系。

不要评判自己

将气候变化问题归咎于他人是毫无用处的，自责也是如此。我们绝不能因为自己不够完美而陷入自责的陷阱。个体行为对于改善气候变化的影响是十分有限的，我们不能过度苛求自己。

气候变化带来的挑战不同于其他环境问题，几乎每一种生活方式或者生产活动，都必然会产生一定量的温室气体，无论是家庭供暖，还是开车去看望家人。简单的事实是，正如加拿大环保主义者大卫·铃木（David Suzuki）所指出的那样："我们缺乏达成生态中立的基础设施。"但他接着说：

> 目前，最重要的是分享理念、改变想法，而我的做法就是与人交流或发表演讲。不幸的是，在加拿大，这就意味着我必

第十二章 在高碳生活中构建低碳世界

须坐飞机,而飞行会产生大量的温室气体。尽管如此,这并不意味着我们不需要尽量减少我们的碳足迹。为了达到这个目的,我平时尽量不开车。后来实在有需要,我买了在加拿大出售的第一辆普锐斯汽车[①]。我们家有一条规定:如果你要去上班或上学,可以坐公共汽车或步行。我家每月产生的垃圾用一个环保袋即可装满,我认为我们可以进一步减少。但每次坐飞机似乎都是在否定我为可持续发展所做的一切……(我们需要承认)这些日常小事很重要。为了说服他人尝试去做这些小事,我们自己至少应该尝试着做一下。每个人都可以做出不同程度的贡献。

这就是关键所在:我们每个人都必须以符合我们的知识水平、环境、信念和可能性的方式开始努力。我们每个人都必须从我们所处的位置开始,学着意识到自己的影响,了解这些影响可能减少或消除的原因,以及采取行动所面临的挑战。

采取个体行动

在改变的初期,我们要谨记:一切从实际出发,欲速则不

[①] 普锐斯汽车是丰田汽车公司推出的一款混合动力汽车。——译者注

达。要做出真正持久的改变，我们要小心谨慎、循序渐进。剧烈的改变很容易失败，就像野心勃勃的新年誓言一样。我们在迈出第一步时不必以改变世界为目标。相反，在开始自己的个人旅程时，我们并不需要知道自己最终抵达何地。

　　首先，我们要自学相关知识，如读一本书或上一堂课，或尝试计算个人碳排放量，了解自己直接和间接的碳排放量及其来源。其次，探索既能满足当下生活需求又能减少碳排放量的生活方式。我们可以通过查阅环保清单来了解如何解决这个问题，也可以通过访问美国环保署的网页来了解如何应对气候变化。我们可以选择隔热性能好的房屋建筑材料，装上 LED 灯泡，回收卫生纸卷桶，调整投资组合，改变职业生涯，成为环保团体的志愿者，买一个可编程恒温器，买一辆更省油的汽车，买一辆自行车，反思自己的消费，试着放弃吃肉。就算不是永久性地做这些事，我们至少可以尝试一段时间。在所有选择都用尽后，了解如何购买碳补偿（carbon offset）以支持全国各地社区减少碳排放的项目，从而超越个人行动所能实现的目标。

"宅"的生态效益

　　有一项活动引起了我的学术界同事对"行为改变"的极

第十二章 在高碳生活中构建低碳世界

大关注,那就是停止乘坐飞机去参加会议。一项研究发现,在一个博士生的个人碳排放量中,乘坐交通工具的碳排放量占75%,其中,因参加会议而乘坐交通工具的碳排放量占35%。

作为回应,英国曼彻斯特大学能源与气候变化教授凯文·安德森(Kevin Anderson)选择乘坐火车去参加在中国举办的一场会议,他确信这样能够提升自己科研方向的说服力。美国西北大学生命伦理学、科学与社会中心主任劳里·佐洛思(Laurie Zoloth)呼吁学者们,学术会议可以每7年休会一次,以便让地球得到休息。2015年10月,一群来自十几个国家的56名学者发起了一场请愿活动,呼吁大学和学术组织大幅减少与飞行有关的碳足迹,尽量不破坏脆弱的气候系统。瑞银集团(UBS)2019年的一项研究发现,16%的英国游客和24%的美国游客能够接受因担忧气候变化而减少的航班数量。因此,研究得出的结论是,美国航班的年增长率将从预期的2.1%下降到1.3%,而欧盟航班的增长率将被削减一半,导致空中客车公司的收入大约减少300万美元。

虽然对于部分人而言,这是一种解决方案,但这可能并不适合所有人。例如,一些规模较小的学院需要通过学术会议来建立联系,并获得最新的研究成果。归根结底,学术会议是研究人员的一个重要工作内容,在我看来,仅仅减少学术会议的数量似乎适得其反。我们更需要留意的是人们参加了哪些会议以及参会方式；我们也可以游说会议组织者取消纸质材料、塑料水瓶或者肉类的供应，在可行的情况下，尽量使用网络会议。在决定采取行动之前，我们需要全面考虑自己的生活方式所形成的碳足迹。

但最重要的是，我们不应忽视自己最擅长的领域。研究人员做好研究并与他人分享。企业高管经营好公司是为了满足市场、赚取利润、提供就业机会和服务社会。除此之外，我们所有人都可以用自己的专业知识就气候变化这一问题畅所欲言，为在这个问题上提出行动建议的政治家投票，并且认识到我们也需要改变社会规范和市场规则。

如何改变社会规范和市场规则

我们需要清醒地认识到，仅仅依靠个人行动并不能解决问题，尽管这些个人努力会让我们更加深入了解解决方案，并感受到想要改变我们的价值观和行为方式所需的变革力度。但来自社会规范和市场规则的转变是必不可少的。这需要挑战消费主义的主导观念，改变资本主义的游戏规则，重新审视企业在社会中的角色。

第十二章 在高碳生活中构建低碳世界

如果设计得当，应对气候变化的政策将减少甚至消除个人行为对环境的影响。例如，东英吉利大学行为和实验社会科学中心的格里斯查·佩里诺（Grischa Perino）博士提出了一个激进的论点，即出于环境原因自愿选择不在欧盟境内乘坐航班的绿色消费者"对总排放量没有丝毫影响"，因为欧盟的排放交易体系要求航班产生的任何额外排放必须得到充分抵消（矛盾的是，欧盟的公交车排放却没有相关要求）。虽然有些人批评这一结果过于理论化，没有反映实际的执行情况，但这正是法规应该达成的效果：改变整个体系，而不仅仅是其中的一部分。

有思想的人不仅需要更深入地理解个人行动对环境的影响，还应考虑到个人行动的政治和社会影响，甚至有些人认为，关注个人行动是有害的。社会生态学家默里·布克钦（Murray Bookchin）警告说："以人们消费太多或生育的子女太多为借口，强迫人们相信他们对当今的生态灾难负有个人责任是既不准确也不公平的……如果说'简单生活'和激进的回收利用是解决环境危机的主要方法，那么这场危机肯定会持续下去，甚至还会加剧。"

文化和行为的改变牵涉到我们所有人

归根结底,气候变化的挑战,实际上是"人类世"所面临的更高层面的挑战,需要我们的文化进行大规模的转变。这种转变必须自下而上和自上而下同步进行。我们这些关注气候变化的人必须以身作则,即便个人行动的影响有限,但至少应该尽力尝试。我们需要实践一种"用心思考"的艺术,打破主流消费文化的思维和行为规范的约束。我们必须努力倡导并体现一种新的世界观,一种从碳约束到碳中和最终到碳负排放的世界观。或者,就像学者约翰·埃伦菲尔德(John Ehrenfeld)所描述的那样,从不那么不可持续转向更加可持续。如何做到这一点,尚不得而知。

但正如罗马天主教第 266 任教皇方济各所说的那样,任何朝着正确方向做出的努力"无论多么微小,都会让我们在理解和实现个人价值方面拥有更广阔的视野……更强烈的责任感和社区意识、乐于保护他人的意识、创新精神和对土地的热爱"。他认为:"通过日常的点滴行为来努力做出改变,是一种高贵的责任……我们绝不能认为这些努力不会改变世界。这些行为有益于社会,我们通常难以察觉,因为它们会唤起一种善,虽然看不见,但会自然而然地传播出去。此外,这样的行为可以恢复我们的自尊心，使我们生活得更充实，并感到地球上的生命是有价值的。"

这就是个人行为价值的核心，即努力培养一种新的意识并成为他人的榜样，让别人尊重、钦佩和效仿。我们这样做不是为了得到外界的认可，而是为了形成一种正直且自发的行为模式。我们不能抽象地探索这个新的现实。我们必须在努力改变自己日常生活方式的同时，争取更大范围的改变，因为真正有效的途径是两者兼而有之。

第十三章
弥合社会分歧

当我们努力成为一个真实的人,通过改变我们的生活方式来应对当今的巨大挑战时,我们也必须告知他人改变的必要性。很多企业高管都在拓展这项任务的边界。事实上,企业高管们参与公共领域的方式正在发生深刻的改变。过去,企业高管们总是避免插手有争议的政治或社会问题。传统观点认为,远离聚光灯总没错。在暴力执法、贫富差距、移民或性别歧视等问题上偏袒任何一方都可能损害公司的销售收入,或者让公司陷入无法控制的公关纠纷。

但如今,企业高管们面临着为他们的客户、员工甚至其他企业高管发声的压力。杜克大学的教授阿伦·卡特吉(Aaron Chatterji)和哈佛大学的迈克·托费尔(Mike Toffel)针对日益高涨的首席执行官行动主义浪潮发表了一篇文章。他们写道:"政治和社会动荡引发了人们的沮丧和愤怒,促使苹果公司的蒂姆·库克(Tim Cook)、星巴克公司的霍华德·舒尔茨(Howard Schultz)和赛富时公司的马克·贝尼奥夫(Marc Benioff)等商界领袖主动倡导一系列变革。"此外,他们还指出:"对社会和政治问题发表意见的首席执行官越多,人们就越期待他们这样做……在推特时代,沉默更加引人注目,也更容易引发不良后果。"

对企业而言,公开发声的风险依然存在。2017年,星巴克公司批评特朗普政府的"穆斯林禁令",遭到保守派消费者的抵制。然而,在有争议的问题上不表态也可能造成损害——例如,优步(Uber)公司遭到了自由主义者的抵制,因为很多消费者觉得这家公司在反对禁令方面不够积极。彭博社对这种紧张局势的总结,是首席执行官们被迫走在"抵制文化"的钢丝绳上。

有迹象表明,在这种政治气候下,党派之争不会很快平息,企业高管们将越来越多地被迫在一系列问题上公开发声。因此,我们的商业课程需要让学生掌握社会知识和政治科学知识,以帮助他们应对即将进入的割裂的市场环境。

事实是,用经济学家和诺贝尔经济学奖得主约瑟夫·斯蒂格利茨的话说,在过去几个世纪里提高了数百万人生活水平的市场体系现在需要"自我拯救"。联合利华公司的前首席执行官保罗·波尔曼(Paul Polman)称资本主义是"一种被破坏的意识形态",需要"为适应21世纪而重建秩序"。这些警告并非孤立存在,所有这些警告都集中在两个前所未有的系统性问题上，这两个问题是资本主义造成的，目前尚无法解决：收入不平等和气候变化。福特基金会（Ford Foundation）总裁达伦·沃克（Darren Walker）警告说，这些问题威胁着我们的民主价值观、言论和制度。全球最大的对冲基金桥水基金（Bridgewater Associates）创始人瑞·达利欧（Ray Dalio）将收入不平等称为资本主义的"生存威胁"，他把这种不平等称为一个支离破碎的体系。他警告说，如果不加以解决，我们可能面临日益严重的民粹主义、冲突和"某种形式的革命"。赛富时首席执行官马克·贝尼奥夫警告说："我们不能再对人们如何使用我们的产品撒手不管了……现在是重建资本主义的时候了，我们需要一个更加公平、公正和可持续的资本主义，能真正服务大众。在这个新体制里，包括科技企业在内的所有企业不仅仅从社会索取，而且会真正回馈社会，产生积极的影响。"

所以，当你在节假日聚餐或其他场合不得不与持有不同观点或来自不同政治背景的人交流时，要考虑如何权衡这些问题。从对资本主义现状的担忧开始，然后以一种创造共识的方式讨论气候变化和收入不平等问题，可以将其看作企业领导者处理某种公关挑战的一次尝试。与其避免这种不愉快，还不如坦然面对。

变革期

现在摆在我们面前的是变革的机会。耶鲁大学 2019 年的调查数据显示:"在过去 5 年中,认为全球变暖正在发生并对此感到担忧的美国人占比急剧上升。在此期间,越来越多的美国人相信,全球变暖正在发生(上升了 11 个百分点),且是人为造成的(上升了 15 个百分点),而且大多数科学家都认为全球变暖正在发生(上升了 15 个百分点)。"同样重要的是,人们开始为此发声了。

这种转变正在发生,而对话可以推动这种转变。我在研究"文化如何影响关于环境问题的公共辩论"时发现,社会变革的历程是曲折的。美国物理学家和历史学家托马斯·库恩(Thomas Kuhn)首次将这一过程描述为在稳定期和混乱期之间的摇摆。在前一种情况下,一组信念作为"范式"主导着其他信念。但是,当动荡事件颠覆了这一范式时,人们开始在混乱中寻找新范式,变革期就开始了。借用进化生物学的一个术语,社会科学家称这种社会快速变化的过程为"间断平衡"。关键是在最混乱的时候推动变革。任何一位高管都知道,在情况最糟糕的时候,推动变革最为容易。正如温斯顿·丘吉尔所言:"永远不要让一场好的危机白白浪费。"在你的感恩节晚餐上,试着思考一下这个问题。

活在我们自己设计的世界里

美国已经形成了几个严重分裂的群体：左翼和右翼、城市和农村、沿海和中部。皮尤研究中心 2014 年的一项调查发现，自 1994 年以来，美国政治两极分化显著加剧，持一贯保守或一贯自由观点的美国人的总体比例（从 10% 增加到 21%）和对反对党持负面观点的美国人的比例（对民主党和共和党持负面观点的美国人的比例分别为 27% 和 36%）都翻了一番，他们甚至认为反对党的政策"大错特错以致危及国家福祉"。人们变得相互猜疑，在考虑想法之前先要质疑动机。人们似乎只相信那些与自己的价值观相同的人提出的证据，不接受那些"敌对"群体鼓吹的信息。

如今，社交媒体正让这种鸿沟变得越来越深。社交媒体的传播特点使"把关人"的地位和功能弱化，知识似乎更加"民主化"了。但社交媒体也为虚假消息泛滥创造了条件。基于网络的媒体网站以及以推特、脸书和领英为代表的社交媒体让我们可以找到与自己的立场相符的信息，并找到支持这些立场的群体——这种现象被称为确认偏差。因此，虽然互联网并不总能让我们获得更多信息，但它往往能让我们更坚定自己的立场。我们自行创造了伊莱·帕里泽（Eli Pariser）所说的"过滤气泡"。这一现象的一个生动例证是，一项针对 2010 年美国国会中期选举前 6 周内发布的 25 万条推特的研究发现，自由派和保守派人士大多只会转发与自己政治立场相似的推特。

参与并不代表认可

皮尤研究中心 2016 年的一项研究发现："49% 的共和党人士说他们很害怕民主党，55% 的民主党人士也说他们害怕共和党。"这部分文化鸿沟是自我强化的：因为我们害怕对方，所以不去了解对方；我们不了解对方，所以我们更害怕对方。为了打破这个死循环，我们需要尝试《纽约时报》专栏作家托马斯·弗里德曼（Thomas Friedman）所说的"有原则地接触"。我们需要增加包容性，倾听相反的观点，以可靠的研究、数据和事实为基础进行辩论，并设法找到共同点。尽管有些人可能会选择袖手旁观，或者希望某一方失败，但这样做的风险很大。

而另一些人选择架设沟通的桥梁，因为他们认识到，仅有相互接触，并不意味着接受、认可，甚至不意味着我们喜欢对方。这仅仅是承认我们有着共同的关注点和利益。站在发生冲突的群体中间并不容易，因为这可能会招致双方的攻击。但必须有人努力寻找共同点。

从何说起

无论是在感恩节晚餐上还是在工作场所，我们都可能会针对"经济发展成果能否公平地惠及全体人民"或者"经济发展能否解决气候变化问题"等问题展开中立的讨论。虽然有些人不认为我们存在收入不平等问题，但统计数据发人深省，而且新冠肺炎疫情进一步刷新了这些数据。更重要的是，左翼和右翼选民越来越重视这些数据背后的事实。

2009年至2012年间，美国最富有的1%的人群享受了91%的收入增长，而且他们仍然促使现任政府推出更多的税收减免政策。2018年，《财富》美国500强排行榜中，近20%的公司虽然实现赢利，但实际未缴纳联邦所得税。在这段时间里，最富有的1%的美国人的收入占美国全部人口总收入的比例从1979年的10%上升到2013年的20.1%。愈发惊人的贫富差距状况，描绘出一幅更加黯淡的图景。2014年，最富有的1%的美国家庭拥有全美国38.6%的财富，而最底层的50%的家庭只拥有全美国0.1%

的财富。数据显示，这种情况只会变得更糟，因为这是一个长期问题。在1940年出生的美国人中，90%的人最终比他们的父母更富有。而在1980年出生的美国人中，只有50%的人收入可以超过上一代，因为收入水平在稳步下降，其中较年轻的工人（18岁到34岁）的收入水平的下降幅度最大。今天，美国前三位最富有的人所拥有的财富数量比最底层的50%的人的财产总和还多（五分之一的美国人净资产为零，甚至为负数）。

这不仅仅是美国国内的问题。《世界不平等报告》(*World Inequality Report*) 发现，"近几十年来，世界几乎所有地区的收入不平等都有所加剧"，标志着"在这些地区以不同形式出现的平等主义制度的终结"，如图13-1所示。就全球而言，世界上最富有的26个人拥有的资产，与世界上最贫穷的38亿人拥有的资产一样多。世界经济论坛发布报告称："大多数经济体未能为其公民提供个人充分发展的条件，而且往往差距悬殊。"

如此悬殊的贫富差距是使很多美国选民感到担忧的根源——共和党的唐纳德·特朗普和民主党的伯尼·桑德斯在2016年和2020年的总统选举中都利用了这一差距。它的核心是对政治和经济制度的不信任。一些人把愤怒的矛头指向政府，一些人则指向企业，还有很多人对两者之间的关系嗤之以鼻。

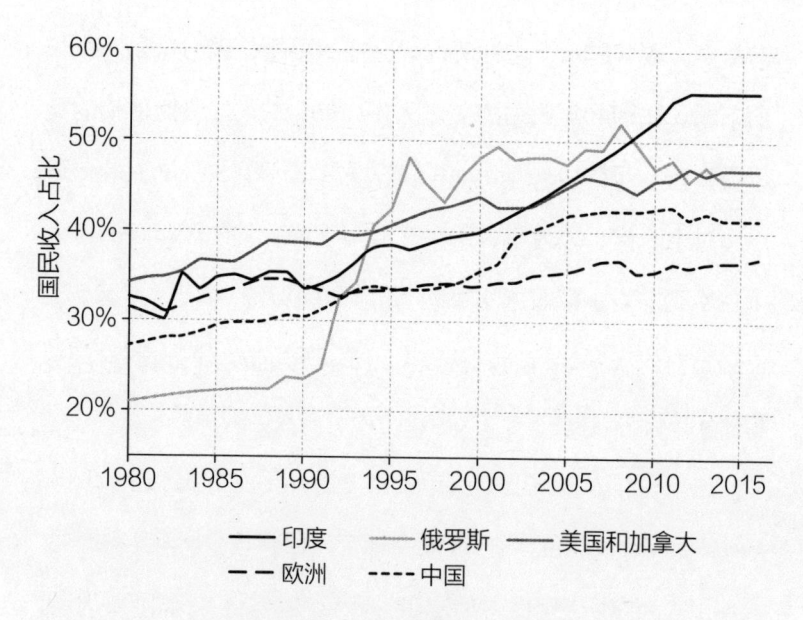

注：2016 年，美国和加拿大收入排在前 10% 的人群的收入占国民收入的比例上升至 47%，而在 1980 年这一比例为 34%。

图 13-1　1980—2016 年收入排在前 10% 的人群的收入占国民总收入的比例

资料来源：F. Alvaredo et al., *World inequality report 2018* (World Inequality Database, 2018).

那么，我们应该说些什么来建立沟通的桥梁呢？首先，如果绝对没有达成共识的希望，那就远离政治，谈论足球。但是，我们是否有机会通过共同关心的话题来开始对话，然后专注于可靠的数据和解决方案，从而建立有效的沟通呢？在这方面，我们需要积累专业知识，提高洞察力。在不平等问题上，我们可以讨论金钱与政治腐败，竞选财务改革的可能性，以权谋私的行为，如何增加向上流动的机会（比如降低大学教育成本），或者当工人被技术、自动化、全球化或政策转变所取代时通过什么方式可以减轻他们的负担。

在气候变化方面，我们可以提出，自 2008 年以来，太阳能成本下降了 80% 以上，风能成本下降了 50% 以上，电池存储成本下降了 70% 以上，LED 照明成本下降了 90% 以上。因此，用能源创新（Energy Innovation）公司的首席执行官哈尔·哈维（Hal Harvey）的话来说："一个清洁的未来比一个肮脏的未来成本更低。"刚开始这样聊天，可能并不太容易，也不那么令人愉快，但至少这是一个好的开端。也许我们会对自己找到的共同点感到惊讶。

我们对抗日益激烈的党派政治环境也催生了一个积极的结果，就是几乎每个人都参与其中。虽然有很大一部分美国人没有在 2016 年的大选中投票，但在 2018 年的中期选举和 2020 年的大选中，这一比例有了显著提升。随着越来越多的人加入进来，他们需要找到正确的参与方式。一个国家创伤的治愈，不会来自首都。它只会来自我们每一个人的家庭餐桌，来自本地的俱乐部、地方政府、职场，更重要的是，来自商业领袖的权力和影响力——如果商业领袖选择使用这种权力来造福社会。我很喜欢这样一句话："使人和睦的人有福了。"不管你是否认同这句话，我想至少你会同意，我们需要更多的和平缔造者。虽然商学院的教学初衷通常不是培养和事佬，但如果商界能发挥更大的协作领导力，就我们面临的问题形成共识，社会就会因此而受益。

第十四章
培养理解世界的多元视角

要应对当今时代的巨大挑战,改变自己的生活方式,我们就必须认识到,了解我们周遭的世界有多种方式,而商业分析思维只是其中的一种。因此,下次当你发现自己或者其他人在发言之前加上一句话:"从商业的角度看……",停下来,反思这句简单的陈述所排除的所有内容,以及它在多大程度上限制了自己的关注点。公司律师詹姆斯·甘布尔(James Gamble)警告称:"对很多人来说,市场把自私变成了一种美德。"更重要的是,这种思维方式会传染他人,并在我们的文化中传播,"以至于我们几乎意识不到它在多大程度上影响着我们的行为"。

我们不能把经济效益作为唯一的目标。如果这样做,我们将走入盲区,无法认识到我们所面临问题的全貌。作家兼评论者阿南德·吉里哈拉达斯(Anand Giridharadas)对于商业领袖在应对社会挑战中所能发挥的作用持负面态度,虽然本书的主题与之形成了鲜明对比,但我认同他的一个观点:"当市场成为唯一的语言,当它成为正确思考的唯一途径时,它会让我们对社会关系的理解变得狭隘。它的确有利于财富的创造、有利于生产和建设，但它不是一个标准。这样的语境对于整体社会和谐而言，并没有什么用。"

目前，一些企业高管对解决气候变化等系统性问题很感兴趣。这与 20 年前的情况相比是一个巨大的变化，20 年前的企业高管除了追逐利润以外很少做其他事情。但在这样做的时候，他们通常会用市场语言来描述社会面临的挑战。你会听到"消费者对可持续发展的需求"，"可再生能源的投资回报"，或者"气候行动的商业案例"。虽然企业试图协调经济发展与环境保护之间的关系是件好事，但这个时代的挑战要求我们不能仅从市场的角度出发来思考问题。

想想当下的现实吧，很多学者声称我们已经进入了"人类世"，一个人类对自然系统造成全球性影响的新地质时代。面对经济危机，很多人的解决之道是依靠科技进步和改变消费习惯，比如增加风力发电、太阳能电池或电动汽车的使用，减少塑料袋的使用。按照这种思路，我们自己不需要做出太大的改变，相反，只需要一些更好、更环保的小玩意就行了。这种狭隘的视角，将把我们引上一条偏颇的、终将被证明是错误的道路。

我们让环境问题变得无足轻重

生态学家奥尔多·利奥波德（Aldo Leopold）在 1949 年写道："如果我们的思想、忠诚、情感和信念不发生内在改变，伦理学上的任何重大变化都无法实现。（环境）保护尚未触及这些行为基础的证据在于，哲学和宗教尚未涉及相关话题。在我们试图使（环境）保护变得简单时，我们已经使其变得无足轻重。"

他的话值得今天的我们反思。我们简化了气候变化等问题的解决过程，寻找易于接受的简单答案，并以商业语言概括了这些问题，从而让这些问题变得无足轻重。我们计算碳排放，把太阳能电池价格下降和特斯拉公司市值上升视为我们正在取得进展的衡量指标。提出应对气候变化的"商业理由"，就像提出避免自杀的商业理由一样荒谬。然而，这就是我们试图改变自己文化的方式：将一切都看作一桩交易。

从长远来看，这是行不通的。尽管自由市场推广者和科技创业者可能会加强宣传，但没有任何基于技术或市场的灵丹妙药可以解决我们的环境问题。基于技术或市场的解决方案虽然可以减少我们的碳足迹，但无法使其消失。电动汽车虽然是好东西，但它们仍然需要能源和资源来制造、运营、回收和处置，所有这些都会增加我们的碳排放（即使部分能源来自可再生能源）。地球工程可能是改善人类对环境影响的一个好方法（尽管很多人担心它会让情况变得更糟）。但地球工程和电动汽车的设计，都是为了让我们能够继续过上没有变化的生活——我们将继续住在越来越大的房子里，开着越来越大的汽车，一如既往地消费。简而言之，这些都是创可贴式的解决方案，无法解决根植于文化的问题。虽然市场力量在短期内很重要，但从长期来看，这无法拯救地球。因此，我们必须改变自己的思维方式。

在我们的文化和价值观中寻找终极答案

气候问题的根源在于我们的信念和价值观，正是这些信念和价值观决定了技术或经济的目的和形式。如果我们继续渴望永久的经济扩张、永无止境的人口增长、更多可以购买和丢弃的产品、任何形式和用途的塑料，以及一个无限提供给我们想要的资源并容纳我们倾倒废弃物的环境，那么我们将重新陷入贪求便利的、懒惰的思维——技术和经济将为我们解决问题。如果我们的文化和价值观没有根本的改变，我们就永远无法回到正轨。

"人类世"的生活是终极的"公共问题"，在这个问题上，

第十四章 培养理解世界的多元视角

我们的生存取决于我们的集体行动,而个人行动的道德性有了新的意义。在纽约、上海或莫斯科燃烧的化石燃料对孟加拉国低洼地区的穷人和澳大利亚的珊瑚礁生态系统有重要意义。在美国密歇根州安娜堡,人们使用一次性塑料餐具对全球环境造成了影响。我们都是面临环境危机的同一物种的成员,谁也无法置身事外。因此,有时我们必须从经济以外的角度来描述我们面临的挑战。这将帮助我们以新的视角找到解决困难的途径,并做出必要的选择。

然而,我们要如何将这样的思考植入最深层次的价值观呢?通过将不受欢迎的产品挤出市场来推动我们的生活方式的转变,这的确会有一定的帮助。但最终,我们必须把对环境的关心与我们最深切的爱以及神圣的东西关联起来。我们需要把人类纳入我们的经济、社会和政治思维。在商业案例之外,我们可能会像作家杜安·埃尔金(Duane Elgin)一样发问:"人类何时才会表达出道德上的愤慨?为了满足一小部分人类的消费欲望,在未来数代人的时间里毁灭整个地球,这是错误的!"

事实上,世界上最富有的 20% 的人消费了全球商品和服务总量的 86%,而最贫穷的 20% 的人只消费了 1.3%。这一前所未有的、不断扩大的收入差距,与同样不断扩大的"气候鸿沟"并行不悖，在这一鸿沟中，世界上最贫穷的人对气候变化的责任最小，承受的风险却最大，而世界上最富裕的人最应该受到指责，但他们有充足的资源来适应气候变化的影响。纽约居民也许有能力建造海堤，孟加拉国的居民却无能为力。举个例子，在美国加利福尼亚州"坎普野火"之后，加利福尼亚州私人消防队最近的趋势是保护富人以及他们昂贵的房子和他们谨慎的保险提供商。这就是市场在"解决"这类问题的一个缩影。我们纵容这一问题继续存在，只是在短期内使富人免受气候变化的影响，从长远来看，没人会是赢家。我们只有用远超金钱的价值来描述这个问题，才能解决这一迫在眉睫的难题。

通过质疑气候鸿沟在不同人群间扭曲分布的公平和公正性，我们可以重新夺回话语权：保护全球气候的必要性毋庸置疑。经济学和商业的语言可能是权宜之计，但它是不完整的，使用这样的语言，我们将无法全面地看待这个问题。我们可能会为了节约成本而改变自己的行为，但这种改变极其有限。只有改变人们定义公平、智慧和诚恳的基本价值观，才能让我们走得更远。

第十四章 培养理解世界的多元视角

超越"技术至上"的思维

科学和市场是理解和应对挑战的重要工具，但并不是唯一的工具。有些问题仅靠定量思维和"技术至上"的思维无法解答，但哲学、人文学科和社会科学以及一些众所周知、通俗实用的知识可以提供解决方案。什么是生活？什么是美？什么是爱？什么是正确和公正？获取多少才能让我们感到快乐和满足？这些问题都属于"什么能使生活更有价值"的范畴，这些对于崇尚定量研究方法、重视逻辑思维的科学来说，都是难以解决的。

正如戴维·布鲁克斯解释的那样，经济学、政治学和进化心理学等理性科学涵盖了生命的各个层面。"但这些层面无法解释沙特尔大教堂或《欢乐颂》；也无法解释在监狱里的纳尔逊·曼德拉，在作战室的亚伯拉罕·林肯，或者一位抱着孩子的母亲。我们都经历过爱情，明白科学无法解释爱情的热烈与满足。"他接着指出，"爱和激情不是理性的对立面，它们是理性的基础，往往蕴含着分析型大脑难以企及的智慧。"

例如，科学和经济思维可能会引导我们以木材或碳汇的市场价值来衡量森林的价值。但这意味着，只有找到性价比更高的替代品时，森林才会受到保护。这种推理看似合乎逻辑，却忽视了森林生态系统的很多价值，包括森林中复杂的生命形式及其错综复杂的相互关联和依赖的关系。同时它也忽略了任何更深层次的意义和目的，这些意义和目的可能是固有的或衍生的。因此，先砍伐一片森林，再重新种植相应面积的玉米、小麦、大麦，甚至更多的树木，这一行为不能被简单地看作绿色补偿；正如散文家温德尔·贝瑞（Wendell Berry）反复提醒我们的那样：这样的行为不只是在摧毁生态系统，一定程度上也是在摧毁我们自己和我们的文化。

这并非否定科学方法，而是拒绝纯粹的"技术至上"的思维，拒绝过度相信科学知识的复原力量，以追求对自然的持续征服。说极端一点，就是拒绝"科学主义"——一种认为自然科学方法能解决一切问题的观点。"科学主义"更喜欢定量研究而排斥定性研究，注重局部而不是整体，追求"人类效用""技术效率"等，把政治妥协看作一种商品。我们现在逐渐认识到，对于"自然是如何运作的"以及"我们正在对它做什么"这两个问题，纯粹的科学理解是不全面的。虽然通过开发新技术来减少我们对环境的影响是一件好事，但这只是减慢了我们碰壁的速度，却没有改变方向。我们停止当下对自然的掠夺，并不意味着我们已经与自然和谐共处。

第十四章 培养理解世界的多元视角

改变我们文化的重要性

摆在我们面前的气候挑战,要求我们改变几个集体观点,包括"我们(人类)是谁""如何理解我们的周遭世界""我们如何构建我们所处的社会和经济世界",以及如何整合以上三套价值观。我们无法通过一系列数据,或经济上的私利,就创造出一个公平的社会或环境可持续的世界。当我们将对环境和人类同胞的关切,与我们的爱和信仰联系在一起时,我们的集体观点就会有所改变。要做到这一点,我们需要通过宗教和哲学来扩大市场的转变。

如果我们将面对当今社会和环境挑战时所需要的集体责任与各大宗教的教义联系起来,或者与奥勒留斯、洛克、伏尔泰、麦迪逊、华兹华斯、梭罗和罗素的哲学观点相联系,世界都会发生改变。当人们听到应对气候变化和保护环境的信息时,他们会不由自主地思考自己是谁,为什么活着。正如社会心理学家乔纳森·海特(Jonathan Haidt)解释的那样,这与他们直觉上的道德感、他们所认同的群体的价值观、他们对自己所爱之物的无私关怀,以及造就这一切的历史相联系。

因此,尽管科学和市场可以通过"大数据"和经济建模来分析环境和社会系统,在探索这个世界的理性方面继续取得进展，但它们也必须为构建社会规范和信仰的主观方面及人性化方面留下空间。我们必须承认，我们需要对大自然的奇妙感到敬畏，并谦逊地认识到，我们并不完全了解大自然的复杂性。我们还必须持有一种深刻的责任感，关心世界各地人们的困境，因为很多人正在缺乏清洁水源和卫生设施或气候恶劣的环境中挣扎求生。逻辑和理性试图通过文字和数字来解释所有现象。然而，仍有很多体验无法用语言表达，比如，古典钢琴演奏家或职业运动员在完善自己的技艺时，往往很难用语言来表达他们经验的精髓。商业逻辑可以让我们对世界上的很多问题视而不见。保护自然或者促进社会公平，必须是一个价值判断问题，而不能只是商业问题。

展望更美好的未来

1962 年，美国第 35 任总统约翰·肯尼迪在莱斯大学发表演讲，提出美国登月计划。"我们打算在 10 年内登上月球，包括完成其他一些挑战，不是因为它们容易，而是因为它们困难，登月的目标将有助于组织并考察我们的能力和技术，这是一个我们愿意接受的挑战，一个我们不愿意推迟的挑战，一个我们必须战胜的挑战。其他挑战也是一样。"这一决定并不是根据经济考量做出的。事实上，当时很多人都不确定能否完成这项任务，因为这项任务需要在很短的时间内在飞行科学方面取得巨大突破。当时，载人航天飞行的历史很短，当肯尼迪总统提出他的挑战时，科学家们也刚刚才把目光投向月球。

同样，我们现在必须把目光投向那些目前无法实现的目标，寻找经济学和市场现在认为不可能，但总有一天能解决的办法。我们必须像肯尼迪总统那样，提出一个鼓舞人心的挑战，通过碳汇、碳中和甚至碳负，为到2050年将达到的100亿人口提供营养，并对环境产生积极的影响。市场思维可能会让我们对这些目标视而不见，更不用说努力去实现它们了。但是，正如我们提出了把人类送上月球的挑战一样，只要我们着眼于实现这些目标，就一定可以成功。

当我们展望将来时，很多目标都是可能实现的，我们不知道在未来的几个世纪里会发生多少改变。但这才是重点。这段漫长的时间代表着一场马拉松，而不是短期冲刺。解决这些问题的过程将贯穿我们自己和子孙后代的一生，其时间跨度远远超过下个季度的回报、下个创新周期或养老金计划的实施。如果不正视这一挑战的深入水平和时间跨度，我们就会轻视这一挑战的规模，很多人都会过早放弃。要全面解决这些问题，我们就必须超越市场语言，努力追求那些能给我们带来解决问题的希望的目标。

这是一个商业可以起到引领作用的领域。很多学生来商学院读书的目标就是要在社会上留下印记,让社会变得比当初更美好。商学院教育可以通过培养学生的高尚动机,鼓励未来的企业领导者从更长的历史跨度中审视自己,而不只是关注自己在职业生涯中的下一个发展阶段。现在就开始思考自己能为社会留下什么,有助于商科学生树立更长远的职业目标,心怀通过商业的力量为社会服务的抱负。

肯尼迪总统1963年在美利坚大学探讨"世界和平挑战"时所说的话,同样适用于今天:"我们所面临的问题是人为的——因此,它们可以由人来解决。人的潜力是无限的。没有任何关于人类命运的问题是人类无法解决的。人的理性和精神往往能解决看似无法解决的问题,而我们相信人类同样可以解决这一问题。"

第五部分

将企业管理视为一种使命

第十五章
未来的世界

未来的世界会发生什么样的变化？在创造一个理想世界的过程中，你想扮演什么样的角色？我希望每个商科学生和商业领袖都能反思这个问题。2020年以后出生的一代人可能活到22世纪。当这一代人步入晚年时，世界会有什么不同呢？当然不会有标准答案。但可以肯定的是，未来的变化将超乎我们的想象。

以我的祖母克里斯蒂娜·乔安娜·霍夫曼为例，她出生于1899年，逝世于1995年。在她的一生中，她见证了室内管道和家庭电气化的出现，莱特兄弟的第一次飞行，福特T型车的首次亮相，以及人类登月等。如果有人在她20多岁的时候告诉她关于未来的这些事，她肯定不会相信。对我们今天的学生以及他们将在年老时体验的世界来说同样如此。他们将看到令人瞠目的变化，就像我祖母在年轻的时候看到了如今的飞机或者太空旅行一样。

但这并不意味着我们不能推测和想象在接下来的50到75年里生活会变成什么样子。作为众多例子中的一个，私家车将发生惊人的变化，因为它正在演变成"个人移动工具"。这将不仅仅是技术上的变化，也将是经济上的、政治上的变化，最重要的是文化上的变化。我们未来对"移动"的看法将与我们现在对拥有和驾驶汽车的看法完全不同。

无人驾驶汽车

作为想象练习的第一步，我们先从两个比较现实的展望开始。首先，在接下来的 50 到 75 年内，电池存储技术的进步将使电动汽车对于大部分美国老百姓而言更具实用性，特别是在城市和郊区。这是汽车行业大多数人的共识，而且触手可及。2019 年的雪佛兰 Bolt[①] 和特斯拉 Model 3[②] 都承诺续航里程达到 200 至 300 英里[③]，售价略高于 3.5 万美元。其次，无人驾驶技术将得到进一步发展，并在同一时间跨度内得到广泛普及，特别是在城区和郊区。尽管最近的一些预测对无人驾驶技术的快

---

① 雪佛兰 Bolt 是美国市场上首款以 3.5 万美元的起始价格提供 200 英里以上的驾驶范围的电动汽车。——译者注
② 特斯拉 Model 3 是特斯拉 Model 系列的新品，基础售价 3.5 万美元。——译者注
③ 1 英里约为 1.61 千米。——译者注

第十五章 未来的世界

速推广持怀疑态度,但考虑到相关研发的快速推进,我们可以畅想这一技术的未来。基于这两个假设,我们可以尽情发挥想象力。

未来的交通可能意味着,我们不再依赖人类司机,而是用手机(或某种新型通信设备)召唤一辆无人驾驶汽车来接我们,把我们带到需要去的地方,然后就近接送其他乘客。我们会根据便利性来选择自己的无人驾驶汽车供应商,而这取决于供应商的网络连接算法在效率和速度方面的设计水平。这一商业模式就像航空公司的商业模式一样,空置率越低,供应商收益越高。这也意味着供应商需要提前预测市场需求。我们可能会变得越来越没有耐心,因此对供应商的要求也会越来越高,候车时间会越来越短。

据推测,这些无人驾驶汽车将会更加安全,事故风险更低,盗窃率也会下降(尽管这种情况仍会发生,但盗窃一辆完全集成并通过网络追踪的汽车,成功概率会很低)。2018年,美国国家公路交通安全管理局(NHTSA)公布了特斯拉 Model 3 的碰撞测试结果,这款车在每一个类别中都获得了五星。很多人认为计算机将会成为比人类更安全的司机(计算机不会因为开车时发短信而分心)。种种因素表明,随着汽车安全性的提高,以及剔除人为误差的影响,高速公路的限速可能会提高。这可能还意味着，在无人驾驶时代选择自驾的人需要支付更多的保险费用，从而考虑买车的人数会下降。

那些坚持拥有私家车的人将不得不寻找可以充电的地方，从而就需要建立关于汽车充电的全新的社会规范。举例而言，我们可能会自驾几百千米去拜访朋友，但是，如果朋友被要求必须支付你驾驶的电费，他们还会对我们的到来满怀期待吗？

总会有人享受驾驶的乐趣，或者害怕乘坐无人驾驶汽车。但是，随着人们对无人驾驶汽车担忧的消退，人们最终会越来越接受这种新技术。要知道，自动电梯是在1900年问世的，虽然自动电梯比手动电梯安全，但人们还是非常害怕自动电梯。因此，过了50多年，人们才相信自动电梯实际上是安全的，并在大多数建筑中配置这种电梯。而自动驾驶的普及速度，可能要比电梯快很多。的确，正如汽车行业的传奇高管鲍勃·鲁茨（Bob Lutz）所言："说起来让我很难过，我们正在接近汽车时代的尾声。"

最终的某一天，我们可能会看到，大多数人不再渴望拥有汽车。这种被称为汽车行业"见顶"的说法，在汽车行业和学术界引发了激烈的辩论。但我们已经可以在今天的年轻人和城市居民身上看到这种趋势的迹象，他们都不想为买车、停车、保险或其他麻烦事操心。当我告诉我班上的学生我喜欢汽车时，他们用奇怪的眼神看着我。事实上，很多年轻人甚至对拥有驾照都没什么兴趣。优步公司、来福车（Lyft）公司等的出现，表明共享汽车正在取代私家车，私家车的时代正成为历史。

车轮上的电脑

无人驾驶汽车的出现，引发了这样一个问题：未来上路行驶的汽车有多少？目前，平均每辆车95%的时间都处于停放状态。如果我们转向"按需移动"的模式，公路上行驶的汽车会更少，因为这些汽车将被共享。所以我们只需要足够的汽车来满足高峰需求。想象一下，在一个非常高效的交通系统中，路上的汽车数量会减少大约50%到70%。虽然这可能会让汽车零部件供应商感到担心，但一些制造商推测，即使汽车数量减少，乘客的行驶里程数仍将保持不变，从而会为轮胎、减震器和制动器等零部件创造一个稳定的市场。

这样的发展趋势会把我们带向哪里？普通业主不再需要车库，同时也就不再需要通往车库的车道，这将推动住宅或车库改建项目的数量迅速增长。建筑承包商会喜欢这个趋势。我们还可以期待"新城市主义"①的发展，城市交通将更多地服务于行人和自行车骑行者，而不是汽车，因此很多城市道路和停车场将不再被需要，必须被重新利用。城市规划者会喜欢这个挑战。

空车应该在哪里停放和充电呢？在找到最近的充电电源后，它们可以在用车需求量最大的地方就近泊车。这可能意味着作为美国传统街景之一的社区加油站走向终结。一方面，汽油将不再是必需品。另一方面，企业交通运营商将建立自己的充电站。这可能会给石油生产国带来麻烦，因为50%以上用于交通的石油将不再被需要。

谁来制造这些汽车，市场会变成什么样子？在这个问题上，落基山研究所（RMI）主席艾默里·洛文斯（Amory Lovins）提出了一个既有趣又略带"挑衅"意味的观点。在他看来，未来的汽车不是装有电脑的汽车，而是"带轮子的电脑"。因此，能制造它的不一定是现有的汽车公司。它也可以由互联网公司制造。随着苹果公司、谷歌公司和其他互联网公司进入汽车市场，我们已经看到了这种趋势。互联网公司的产品服务通常是

---

① 新城市主义是20世纪90年代初针对郊区无序蔓延带来的城市问题而形成的一个新的城市规划及设计理论，主要提倡发展传统邻里社区和实行公共交通主导型开发。——译者注

第十五章 未来的世界

将新软件安装到我们熟悉的硬件上。实际上，我们可以预计，一些知名汽车公司将向交通运营商转型，民众们会向他们租赁汽车，而不是购买。通用汽车公司投资来福车公司和美国首家汽车共享公司 Sidecar 的举动预示了这一新兴趋势。或者，有些人怀疑传统汽车公司会不会沦为苹果公司、富士康公司和谷歌公司的汽车硬件供应商，内部人士戏称为"合约钣金工"。

互联网公司和汽车制造商的联姻将为未来的汽车带来一套不同的设计参数。虽然仍然会存在对豪华汽车的需求，但人们将更注重汽车的舒适性和效率，而不是外观造型。

那么，对于我们这些仍然注重汽车的外观造型的人来说，这意味着什么呢？更具体地说，经典汽车和老式汽车将何去何从？首先，随着年轻人不再热爱汽车，汽车爱好者的数量也将随之减少。这可能会导致需求下降，就像我们看到的对唱片的需求下降一样，因此，我们今天所喜爱的经典车型的价格也会下降（不过我也见到过一些古董唱片，价格相当高，因为在某些专业市场，人们似乎又开始热衷老式唱片了）。

因此，就像有些人不用 MP3 或 CD 而只听老式唱片，或者明明有汽车却仍然喜欢骑马一样，他们会坚持自己的传统。这些人将不得不动点脑筋来保留自己的车库，还得想办法存储汽油（可能要去某个专业市场才能买到）。随着加油站的减少，汽车修理店也将随之衰落，车主们也将不得不越发依靠自己的维修技能或专业服务市场。这可能会导致经典汽车俱乐部的增加，配有私人服务设施。这种情况已经有实例了：M1 大广场（M1 Concourse）是密歇根州的一家私家车服务中心，那里有一个由250 多个安全的私人车库组成的专用社区和一条 1.5 英里的专用高速公路。

无人驾驶面临的问题

未来的无人驾驶将面临哪些问题？很多人已经指出了其隐私和安全问题，以及如果有人入侵无人驾驶控制网络会造成什么严重后果。

首先，无人驾驶汽车是否会加剧拥堵？想象一下这样的场景：某个人去市区吃饭，他知道饭后正是用车高峰期。这个人会不会"指令"一辆私家车或一辆租来的车在街上反复兜圈，直到他准备离开，从而导致道路拥堵加剧，以及预约乘车的竞争加剧？或者想象一下，由于你可以在通勤的路上睡觉，因此住得远一点也不要紧，这是否会鼓励城市扩张和城市郊区化？此外，很多人（残疾人、老年人和儿童）的个人出行并不容易，但无人驾驶汽车的未来将使他们的出行更加便利，会不会造成公路上的汽车数量出现净增长,至少在市中心会这样?

其次,在紧急情况下,这些汽车的决策规划算法会不会出现问题?如果一辆轿车面临一个"选择",要在糟糕的结果和更糟的结果之间做出选择,比如无人驾驶汽车在撞上行人、摩托车或校车(校车也是无人驾驶车,而且与轿车间可能存在数字通信)之间做出选择,会发生什么?这样一个"决定"所带来的法律后果不难想象,而且已经得到了验证——2018年,一辆优步自动驾驶汽车撞死了一名行人(该公司与行人家属达成了民事和解,而检察官决定不对优步提出刑事指控)。

最后,亘古不变的是,在创造新工作的同时,这项技术创新也会取代一些工作。我们可能已经预见到出租车司机、加油站老板或机械师等职业的终结。不过,在无人驾驶的时代,长途货运车司机的工作岗位将最先被取代。

这一转变对公共交通或低收入社区意味着什么?公共汽车、地铁和火车会不会因为越来越多的人选择乘坐无人驾驶汽车而受到冲击?发展中国家的人们能够使用这种技术吗?如果不能,"老式"汽车的供应是否仍旧会减少?继续保养旧车会成为常态吗?古巴的情况就是如此。在古巴,看到保养得很好的1957年的雪佛兰汽车在街上行驶并不奇怪。如果这就是未来,无人驾驶会加剧国家和世界的经济不平等吗?

不要只是展望未来,而是要创造未来

当然,这一切都是推测。尽管想象可能发生的事情很有趣,但未来将由我们自己创造。正如亚伯拉罕·林肯所说:"预测未来的最好方法就是创造未来。"这就是我想传递给大家的信息。虽然我们可以想象自己在今后的人生中会看到什么样的世界,但更好的做法是扪心自问:你希望看到一个什么样的世界,以及你希望在创造理想世界的过程中扮演什么角色?

第十六章
我们在未来扮演的角色

让我们以上一章中提出的挑战作为本书最后一章的主题。我们想象的未来是什么样的？我们希望在未来扮演什么角色？我们将如何利用管理生涯来做到这一点？以上就是本书要探讨的问题，而本书希望找到的答案是，商业领袖能在管理企业的过程中找到一种使命感，这种使命感不仅要为股东服务，也要为社会服务，包括员工、客户、社区和自然环境。然而归根结底，如果这些愿景无法被纳入商业决策，终将酿成社会的悲剧。我们的经济和政治将被自私而短视的贪欲所驱动，眼里只有股东和利润，从而忽视"我们为什么工作""我们为什么生活"以及"我们希望留给子孙后代一个什么样的世界"等更深层的价值思考。

我们需要更多的商界领袖，他们愿意在行使权力的同时承担相应的社会责任，他们愿意利用手中的权力为我们所有人而不仅是少数人改善生存环境。戴维·布鲁克斯将这种新的定位描述为在设定人生目标时，从"简历美德"到"悼词美德"的转变。"简历美德"是我们写在简历上的用来向别人炫耀的"丰功伟绩"。"悼词美德"是亲友们在你的葬礼上称颂的美德——不管你是善良、勇敢、诚实还是忠信。我们都知道,"悼词美德"比"简历美德"更重要。

但是,我们的文化和教育体系花了更多的时间来教授成就事业所需要的技能和方法,而忽略了那些散发着人性光芒的品质。我们中的很多人更擅长外部事业的发展,却疏于内在品德的培养。

我们是否可以在人生早期培养这种转变,而不是等到50多岁,或者面临某种危机时,才调整那些以自我为导向的目标,比如地位、肯定和成就?这对商界人士尤其重要,因为他们的行为不仅会影响自己的事业,也会波及那些受其决策影响的人的生活。商界人士对我们的社会结构有着越来越大的影响力,原因在于他们控制的资源、他们的政治影响力、他们影响舆论的能力,或者仅仅是他们的收入——2017年至2018年,首席执行官的薪酬中位数升至1860万美元,与上一年相比平均涨薪110万美元,其薪酬增长速度是普通员工薪酬增长速度的2倍。

简而言之,企业在我们的现代世界扮演着一个特殊的角色。正如斯坦福大学的迪克·斯科特(Dick Scott)和密歇根大学的杰里·戴维斯(Jerry Davis)等教授所写的那样:"企业的存在,影响(部分人坚持用'入侵'一词)了当代社会生活的方方面面。"在一个气候变化、物种灭绝、收入不平等,以及其他社会问题和环境问题频发的世界里,置身其中的企业行为和个体行为决定着我们将如何生活,如何适应这个世界。最好的情况是,企业可以"成为社会进步的载体,成为解决基本问题的手段,比如提供食物、医疗保健、教育以及满足人类其他基本需求",而在最坏的情况下,企业也可能"成为人性阴暗面的放大器,催生出恐怖主义、种族灭绝和劳改营"。

不幸的是,商业教育并没有跟上培养服务型全球商业领袖的挑战。哈佛大学商学院教授拉凯什·库拉纳(Rakesh Khurana)在他的著作《从高目标到高技能》(*From Higher Aims to Hired Hands*)中警告称,尽管商学院"最初旨在按照医生和律师的培养模式培养一批职业经理人,以寻求商业为社会服务的更高目标",但现代商学院的模式"实际上已经偏离了这个目标,在商业教育的中心留下了一个巨大的道德窟窿,并且延续到了管理实践中"。他认为:"商学院在争取专业精神的斗争中基本上已经投降了,它们已经沦为 MBA 教学产品的供应商,学生被视为消费者。曾经激励着商学院的职业理想和职业道德已经被一种观点所征服,即职业经理人只不过是股东的代理人,只对股票收益负责。"他总结道,现在是时候"帮助未来商业领袖突破心智模式,提升道德水平了"。这也是本书的创作目标之一，旨在提升商业领袖心智水平和道德水平，无论是通过调整商学院的课程设置，还是改变商科学生的学习方式。

因此，我对本书读者提出的问题是：为了成为未来的商业领袖，你打算如何提升你的心智水平和道德水平？你将如何使用你即将拥有或已经拥有的权力？你希望给子孙后代留下什么样的遗产？你希望你的悼词怎么写？你希望创造怎样的未来？

未来的多重可能性

我和阿尔伯塔大学的德夫·詹宁斯（Dev Jennings）合著过一篇文章，主题是"环境恶化日益加剧且社会不平等日益扩大的世界将面临怎样的未来"。这些问题都是人类造成的，因此，人类有责任解决它们。但是，解决方法必须是系统性的。思考解决方法时必须考虑到我们的政治和经济体制，而不仅仅是考虑技术。在考虑如何创造一个理想的未来时，我们必须思考，我们的信念是如何基于如下问题而调整的，这些问题包括：在阐明人类当前所面临的挑战和提出潜在解决方案方面，谁最有发言权？这些人或团体用什么价值观来解释我们的问题？界定问题的过程是如何影响解决方案的选择的？搞清楚问题在哪里等同于解决了一半问题。而这些问题的答案，决定了世界未来

第十六章 我们在未来扮演的角色

的发展轨迹。

新冠肺炎疫情是对各类组织机构的一次考验,让我们得以一窥未来要如何应对气候变化和其他环境危机。全球面临着一场集体危机,这需要我们共同努力以解决我们自己造成的问题。我们发现,有些组织机构不够完善,而另一些组织机构则发挥了积极的作用。例如,美国联邦政府和其他国家的某些部门的反应让很多人感到失望。但是,国家和地方、营利和非营利性的组织机构都得到了集体动员。我们见证了很多出于集体利益的无私回应,这些回应集中于医疗保健机构、科学机构、邮政机构、企业和宗教机构,他们都发出了承担社会责任和建立新型社区关系的呼吁。如果我们要应对"人类世"的"新常态"——一个风暴、干旱、野火和疫情更加肆虐的世界,我们就需要加强抗击新冠肺炎疫情所需的集体主义价值观,抑制导致否定和竞争的个人主义价值观。我们的努力能否成功决定了我们未来的命运。面对"人类世"应接不暇的挑战,我们是要发展更具弹性的社会、技术和经济体系,还是维持现状,否认"新常态"的来临,固守一个没有能力处理新问题的体系?我们是为了共同利益而合作,还是为了有限的资源而竞争?基于这样的思考,我们就可以开始想象从反乌托邦到乌托邦的关于未来的多重可能性。这些关于未来的可能性并不是非此即彼的,每一种都可能出现在我们的世界里。事实上，所有关于未来的可能性都可以在当下看到线索。未来的商业领袖所面临的问题是，我们将努力让哪种可能性占据主导地位？未来之路是由今天的我们决定的。

崩溃的系统

在反乌托邦的一方，没有一个行动者或运动来定义我们面临的问题，或提出解决这些问题的方案，我们继续在问题恶化时争吵不休。我们的公共话语和政治话语变得活跃，不仅因为我们对"人类世"面临的现实问题存在分歧，对于这些问题背后的社会机构、政治机构和科学机构，我们的理解同样存在分歧。尽管某些机构——比如联合国、世界银行和美国国家科学院——将继续为我们面临的挑战发声，但它们的声音将越发缺乏明确性和权威性，而且会被其他提供相反评估结果的行动者削弱，比如化石燃料行业和电力行业。多重的、不同的、相互竞争的观点将导致共识难以达成，或解决方案难以实施，以至于我们将继续走上政治两极化和经济两极化的道路，从而导致社会冲突，甚至暴力抗争。飓风、野火、旱灾等自然灾害的增加，南非的开普敦和巴西的圣保罗等城市面临严重缺水的威胁，将被视作"正常"变化，不需要采用特殊方法来应对。

随着时间的推移，这样的未来将导致政府"功能失调"、市场失灵以及社会不文明现象日益严重，我们今天习以为常的很多珍贵的事物将不复存在。罗伊·斯克兰顿（Roy Scranton）写过很多关于"人类世"的书籍和文章，他警告说，文化崩溃类似于过去的种族灭绝。他问道："在我们创造的这个世界上，人们能否找到一种新的生活方式——在这种生活方式下，我们不再把很多事情视为理所当然，比如一个能迅速满足人类各种欲望的全球市场，方便的长途旅行，装有空调的舒适环境，为供人类欣赏而保留的荒野，不易遭受自然灾害的宜居地以及充足的饮用水？"

我们可以在当下看到未来的影子。我们看到某些组织或个人否认气候变化和新冠肺炎疫情的现实，无视要求其改变行为的警告和法规，以牺牲集体福祉为代价，只关注个人生存甚至一己私利。当科学机构的结论威胁到他们根深蒂固的信仰时，这些组织和个人退回到各自的"部落"中去挑战这些结论，使得舆论严重两极分化。谷歌、脸书和推特等社交媒体放大了这种混乱，扭曲了辩论，它们引入了越来越多不同的观点、意见和各种"事实"，将令人不安的现实贴上"虚假新闻"的标签，将专家的研究称为"观点之一"，以削弱其权威性，加剧舆论和世界观的两极化，使得任何有意义的对话或辩论变成一地鸡毛。

对于那些希望保住自己的经济地位、继续保持同以前一样的行为和思维方式的人来说，这种做法虽然可以维持现状，但只是暂时的，因为社会系统和环境系统的崩溃将使得现状无法维持，要么是越来越多的极具破坏性的自然灾害造成严重经济损失，要么是以抗议、投票或暴力等大规模政治动员形式造成的社会破坏。记者戴维·华莱士-韦尔斯（David Wallace-Wells）在他的著作《不宜居住的地球》（*The Uninhabitable Earth*）中对这种反乌托邦式的未来提出了警告，但他也指出，这种对未来的预测有很大的不确定性，因为我们不清楚人类会做些什么来改变这一切。

市场规则

在这种情况下，企业将经济效益作为一切活动的出发点，市场制度和价值观占据主导地位。解决我们的环境或社会问题所做的任何努力都将以利润最大化为目标。也就是说，经济价值将凌驾于其他价值之上。我们将提出"商业理由"来应对气候变化，并只有在找到更有利可图的替代物时才禁止生产某些产品。环境将继续被视为一种经济资产，其价值仅在于它为人类提供的资源。保护环境的动机将基于保护环境的做法能够创造多少就业机会，能否提高市场活跃度或能否满足商业战略的其他逻辑。经济持续较快增长的总体目标仍将是神圣不可侵犯的，保护环境仅被视为一种经济投入，一种利用创新和技术来促进经济增长的投入。举例来说，森林只会被视为一种经济资产，或是商用木材的来源，或是森林碳汇（森林吸收并储存二氧化碳的能力）。任何以经济价值以外的出发点来保护环境的努力都会受到限制，特别是当某种努力会带来失业或资产闲置，从而限制人类发展的时候。

很多导致我们的社会和环境出现问题的市场失灵将继续存在，因为某些群体是现存政治体制和经济体制的既得利益者。这种情况下的逻辑和价值观，仅仅是先前企业环境观的延伸，利用企业对利润最大化的追求来减少对环境的影响，最终实现生态效益的最大化。随之而来的一个信念是，市场总是会带来积极的结果，市场的成功最终可以补救环境或社会问题。

不幸的是，很多衡量经济活动水平的指标，比如国内生产总值、投资回报率和折现率，都没有涵盖经济活动对环境或社会的影响，因此这些指标只能作为有限的指标，无法解决我们所面临的问题。在所有这些情况下，金钱和金钱的时间价值都被纳入考量范围，而相关的环境成本和社会成本却被忽视了。

提供电动汽车（如特斯拉）和屋顶太阳能电池板等新型节能产品的公司将收获更大的成功，因为它们生产的产品和服务可以让消费者一如既往地继续消费。在这种情况下，政府本身就是市场的支持者，它会制定法规，推动经济持续增长。虽然政府可能不会完全迎合市场，但它会为了市场的利益而妥协。例如，艾奥瓦大学法学教授格雷格·希尔（Greg Shill）认为，在整个20世纪，美国的公共政策"向汽车行业倾斜……以迎合石油巨头、汽车大亨等人的利益"。

对于那些希望利用当下主流逻辑和价值观来解决环境问题的人来说，这样的场景似乎是最有利的发展方向。只要解决这些问题有助于保持经济增长和提高公司竞争力，一些环境问题可能会得到解决。例如，在杜邦公司开发出了一种在商业上具有可行性的环保型制冷剂之后，《关于消耗臭氧层物质的蒙特利尔议定书》才得以成功限制破坏臭氧层的氟氯化碳的生产和销售。在这种情况下，"规则"一词是一个双关语，既指对未来市场逻辑规则的界定，也指市场对生活的各个方面（包括人类和其他生物）的支配程度。未来仍将是不稳定的、动态变化的，变革的压力未必都是环境和社会问题造成的，还可能是由消费者利益的变化和演进造成的。

第十六章　我们在未来扮演的角色

"再启蒙运动"

在乌托邦的一端,我们会见证这样一个未来:所有社会成员的价值观既反映了对社会和环境问题的接受程度,也反映了社会、政治和经济机构资源配置方式的变化。这样的场景将涉及一个类似启蒙运动的深刻文化转型。虽然启蒙运动的历史影响存在着一些争议,但这种比较有助于我们把握文化转变的规模和范围。

在启蒙运动之前,欧洲地区的人们被一套封建专制制度所束缚,这些制度塑造了他们对社会和自然的看法:自然是不可知的,它受神秘力量的推动,自然对社会的发展起决定性作用。但在启蒙运动之后,人类提升了主宰自然的能力,迎来了"理性时代",在这个时代,自然世界被视为一台机器,可以被分解、剖析和重组,以满足人类的欲望。目前从启蒙运动到"再启蒙运动"的过渡表明,我们正在以类似的方式重塑并创新社会制度。从由自然决定人类社会的中世纪世界观,到由社会决定自然的启蒙主义世界观,我们现在发现,自己正面临着"人类世"的世界观,在这个世界观中,社会和自然相互联系,相互影响,同时又相互制约。

约克大学环境研究教授尼尔·埃文登(Neil Evernden)在

1993年出版的《自然外星人》(*The Natural Alien*)一书中描述了这种转变的规模，他写道："(环境)危机不是一个我们可以检查和解决的东西。我们自己就是环境危机。这场危机是我们自身存在的一个外在表现。环境危机存在于我们的信仰和行为中，它是我们生活中固有的东西。"2014年，苏黎世大学政治地理学博士后罗里·罗文(Rory Rowan)继续反思了这个问题，他写道："'人类世'不是一个有办法解决的问题。它所指的是一系列新出现的地缘社会条件，这些条件已经从根本上构成了人类生存的视野。因此，它不是一个可以容纳于现有的概念框架(包括那些制定政策的框架)的新要素，而是标志着人类与地球关系的深刻转变，这种转变对这些框架本身的基础提出了质疑。"

事实上，当我们看到宗教和哲学领域引入关于可持续发展的问题时，我们可能已经看到了这种情况出现的早期迹象。天主教、犹太教、印度教和佛教等宗教领袖都发表了声明，呼吁人们关注现代文化中的弊病，即消费主义泛滥、对技术的无限制信仰、对利润的盲目追求、政治上的短视，以及迫使全世界低收入人群承受失衡体系的经济不平等。法国哲学家布鲁诺·拉图尔(Bruno Latour)、剑桥大学人文地理学教授迈克·休姆(Mike Hulme)、芝加哥大学历史学教授迪佩什·查卡拉巴提(Dipesh Chakrabarty)等学者的哲学历史著作，探索

第十六章 我们在未来扮演的角色

了这个新时代是如何打破自然与社会、自然历史与人类历史之间的古老界限的，并提出了解决公平问题的新方法："实行几代人之间、岛国和内陆国之间、发达工业化国家（这些国家在实现工业化的过程中排放了大量温室气体）和新兴工业化国家之间的公平。"有了这样的新思维，我们就有机会重新思考启蒙运动的理念，例如"自由、选择、道德、公民身份、差异和权利"。

当然，在这种未来的场景下，商业仍将是一股重要的力量。但这需要新一代开明的商业领袖，他们能认识到市场内部需要深刻的系统性变革。这一变化将从认识到监管的必要性开始，即建立一套平衡的规则来指导市场活动。在制定这些规则的过程中，我们不能再纠结于政府的权力是过大还是过小，而是要使政府的监管力度与市场发展特点相符。此外，人们还需要改变通常认为的"游说是通过自私自利的暗箱操作来破坏监管秩序"的负面观念，转而考虑建立一种双赢的政企关系。

这将导致企业在社会中的角色和企业经营者的角色的转变。我们今天已经可以看到这类转变的开端，贝莱德集团、商业圆桌会议和世界经济论坛都发表了这样的声明，称"公司的宗旨"远不止为股东服务；上市公司不仅有责任创造利润，而且有责任"对社会做出积极贡献"。企业应"服务于整个社会……支付其应缴的税款……为子孙后代充当环境管理者和物质世界的管理者"。下一步是让这些概念在行动中体现出来，并在整个商业环境中得以传播。

例如，产品的生产过程将变成真正的对废弃物进行循环再利用的过程，既不消耗原始材料，也不产生废弃物。经济还会继续增长，但会减少实现增长所需的原材料和能源的数量。我们将开发不需要更多汽车的交通解决方案。沟通过程将是完全透明的，这样所有的企业活动（如政治游说、工作条件、收入水平、环境影响）都可以被那些能够评估其影响力的人看到。我们将通过市场手段让消费者了解，其个人消费选择将对社会和环境产生何种影响。组织的设计应考虑：员工（如员工持股计划）、社区（如合作社）、社会和环境因素（如共益企业），还有其他相关因素。人力资源协议、职位设计和激励制度将帮助员工快速成长，并通过他们的工作为社会创造价值。新的会计准则和财务模式将社会和环境因素纳入考量范围，并与经济指标相协调。最终，通过建立提供服务和获取利润的新机制，我们将重新思考增长和消费的基本概念，减少对物质和能源的依赖。

第十六章 我们在未来扮演的角色

塑造你的未来

当我们思考未来的各种可能性时,市场及商业既是我们所面临的挑战的成因,也可能成为解决手段。因此,我们在企业中扮演的角色对于我们留给后代一个什么样的世界有着巨大的影响。我们未来的社会可能会变得混乱,就像在崩溃的系统中一样,或者它可能会变得更加谨慎,就像在"再启蒙运动"中一样。人类当然有能力应对这些前所未有的社会和环境挑战,就像我们在面对臭氧层空洞时所做的那样(科学家预测臭氧空洞将在 21 世纪中叶完全"愈合")。但未来的适应性将取决于深谋远虑、细心和智慧。要实现这一目标,商业必须成为解决方案之一,而商界领袖必须起到带头作用。

我们承担着管理社会和治理环境的责任,这是我们这一代人面临的巨大挑战,也可能是任何一代人所面临的最大挑战。生态思想家托马斯·贝里(Thomas Berry)将这样的挑战称为"伟大的工作",以下这段话的观点阐明了我们面临的挑战:

任何一个历史时代的成败,都取决于生活在那个时代的人们在多大程度上完成了历史赋予他们的特殊任务……我们没有选择。我们是被某种超越我们自身的力量选中来完成这一历史

使命管理

任务的……可以说，我们是带着挑战和超越个人选择的角色而诞生的。然而，我们生命的高贵，取决于我们如何理解和履行我们被赋予的责任。

20世纪40年代初，很多商科学生不得不把他们对华尔街和金融业的梦想放在一边，投身于结束第二次世界大战这一伟大使命。那一代人的高贵程度是由他们如何理解和履行自己的职责来衡量的。在我看来，如今这一代人的工作的伟大之处在于纠正资本主义的缺陷，这些缺陷导致了气候变化和收入不平等问题暴露出的系统性崩溃。

作为下一代商业领袖的你已经出生在这个现实中，你别无选择，只能做出回应。你没有选择这个现实，但你必须拥抱它。你生活的高贵程度将取决于你如何应对自己所面临的挑战。而如今评判商学院的标准是，商学院为你迎接这一挑战做了多少准备。如果商学院在这方面做得不够好，你就必须对自己的教育负责，并根据你所处的时代、面临的挑战和从事的职业来修正它。

致谢

我向杰夫·德姆比基（Geoff Dembicki）致以最深切的谢意，感谢他在编辑方面的帮助，促使我提出了更深层次的想法，润色了文字，并帮助我将这些想法整合成一份连贯而有凝聚力的手稿。作为一名关注气候变化、政治和商业的记者，他的专业知识帮助我加强和扩展了案例。作为一名编辑，他明辨是非的眼光使这本书得到了很多提升。我还要感谢我的几位学术合著者，正是他们让我萌生了撰写本书的想法：我的前任顾问、合著者、长期导师约翰·埃伦菲尔德（John Ehrenfeld）；最近的两位合著者，密歇根大学的埃伦·休斯-克罗姆维克（Ellen Hughes-Cromwick）和坦普尔大学的托德·斯希弗林（Todd Schifeling）；阿尔伯塔大学的戴夫·詹宁斯（Dev Jennings），我们彼此建立了学术生涯中最富有成效的合作关系。最后，我要感谢很多编辑，他们在我动笔之前提供了很多思路，他们是：《对话》（The Conversation）杂志的马丁·拉莫尼卡（Martin LaMonica）、布莱恩·基奥（Bryan Keogh）和布鲁斯·威尔逊（Bruce Wilson）；《斯坦福社会创新评论》（Stanford Social Innovation Review）的埃里克·内（Eric Nee）、玛茜·比安科

（Marcie Bianco）和戴维·约翰逊（David Johnson）；《行为科学家》（*Behavioral Scientist*）杂志的卡梅伦·弗伦奇（Cameron French）和埃文·内斯特拉克（Evan Nesterak）；格林利夫出版社的丽贝卡·马什（Rebecca Marsh）；利奥波德领导计划（Leopold Leadership 3.0）的玛格丽特·克雷布斯（Margaret Krebs）和帕姆·斯特纳（Pam Sturner）；企业生态论坛的P. J. 西蒙斯（P. J. Simmons）；《密歇根公共事务》（*Michigan Journal of Public Affairs*）杂志的詹姆斯·范斯蒂尔（James Vansteel）；世界观察研究所的埃里克·阿萨多利安（Erik Assadourian）；还有史蒂夫·卡塔拉诺（Steve Catalano），我在斯坦福大学出版社的编辑。